オランダ商館長が見た

江戸の災害

フレデリック・クレインス＝著
磯田道史＝解説

講談社現代新書
2556

まえがき

平成の時代をふりかえると、日本各地で大災害が多かったことが思い浮かぶ。ある災害が記憶にまだ新しいところで、また異なる場所でほかの災害が起きる。平成という時代はそのような感覚だった。

災害の種類もさまざまである。東日本大震災のような大津波をともなう大地震や阪神・淡路大震災のような直下型大地震、雲仙普賢岳噴火や御嶽山《おんたけさん》噴火のような火山活動、西日本豪雨のような水害、そして毎年大きな被害を及ぼす台風などである。くりかえし起こる災害は、日本人に大きな恐怖と悲しみをもたらしてきた。

このような平成の時代に似ているのが、江戸時代である。江戸時代も平成のように災害の頻度が高かった。いや、平成よりもさらに高かった。というのも、頻発する自然災害のほかに、つねに火災の危険もあったからである。風の強度によっては、火災は自然災害よりも大きな被害を起こすこともあった。

昔から災害が多かったからか、日本には災害にまつわる史料も数多く現存している。『方丈記』はその代表的な例である。随筆でありながら、著者の鴨長明《かものちようめい》が経験した災害について詳細な記述がみられ、それらの災害の情報が得られる歴史史料としても価値が高い。また、災害慣れしてしまった日本人特有の無常観も見事に表現されている災害文学の傑作でもある。

災害関連の史料は『方丈記』だけではなく、日本各地に残されている。特に江戸時代においては、大きな災害が起きると、その全容を詳細に記述した絵入り本が刊行されるようになる。そのほかに個人の日記や災害の規模を書き留めた各地の役所の報告書も数多く現存している。それらの史料をもとに災害史の研究も盛んにおこなわれ、その研究は世界的にみても、ひじょうに高い水準に達している。

日本の災害について記録を残していたのは、日本人だけではなかった。江戸初期から幕末まで長崎で商館を構えていたオランダ東インド会社の職員も日本で見聞したことを熱心に記録していたのである。

オランダ東インド会社（以下、東インド会社）の船が最初に日本に渡航したのは一六〇九年である。徳川家康がまだ存命だった時代である。家康から日本での貿易許可を得たオランダ人は平戸で商館を設立した。平戸商館時代にはオランダ人はかなり自由に貿易をおこなうことができた。平戸藩主との関係も良好であった。

ところが、一六四一年にオランダ商館は幕府の命令を受けて、長崎の出島という扇状の人工島に移転することになった。出島ではオランダ人は幕府の厳重な監視下に置かれた。貿易も幕府によって厳しく統制された。東インド会社は金銀銅を求めていたので、日本と貿易をつづけた。日本で得た貴金属を用いて東インド会社はアジアにおける仲介貿易を確立した。貴金属の対価として、オランダ人は生糸や織物、砂糖などを日本に舶載した。

しかし、貴金属の流出を防ごうとした幕府は徐々に貿易量を制限するようになった。これにより、来航するオランダ船の数が少しずつ減少した。十七世紀には毎年五〜十隻のオランダ船が来航していたのに対して、十八世紀になると、その数も徐々に減り、一七九〇年からは、幕府の命により毎年一隻と定められた。

日本に来航するオランダ船は、本国オランダからではなく、東インド会社のアジア本部があったインドネシアのバタフィアから出航していた。オランダと日本とのあいだの直行の海運はなかった。日本貿易はバタフィア本部にいる東インド会社総督の管轄下にあった。

オランダ船は毎年夏に日本に到着し、三ヵ月の貿易期間を終えてから、十月の終わり頃にバタフィアに戻っていた。オランダ船出航後、出島商館に残されたのは十人ほどの商館員とインドネシア人の使用人だけだった。商館員は主にオランダ人だったが、ドイツ人やスウェーデン人などもいた。彼らは基本的に出島の外に出ることは許されなかった。とはいえ、オランダ人の日本での活動がつねに出島だけに限定されていたわけではなかった。毎年、商館長が新たに着任した際に、オランダ人は将軍に対して敬意を表すために江戸参府をおこなうことになっていた。彼らは江戸参府の道中において日本を観察する機会がじゅうぶんにあったのである。

出島のオランダ人は長崎奉行の管理下に置かれていた。長崎奉行はオランダ人を監視・保護するとともに幕府への窓口の役割も果たしていた。長崎奉行は同時に二人から四人が就任し、一年交替で江戸と長崎に在勤することになっていた。

また、オランダ人と奉行とのあいだの仲介は通詞《つうじ》たちが担っていた。通詞たちは通訳だけでなく、貿易業務や各種斡旋業務など全般的にオランダ人の世話をしていた。彼らは日本に滞在するオランダ人にとってもっとも身近な存在であった。出島時代にはオランダ人が日本で得る情報はすべてこの通詞たちを通じて伝達されていた。

通詞たちのほかに、オランダ人が親しい関係をもっていたのは乙名《おとな》であった。乙名とは、出島を建設し、所有していた二十五人の長崎商人の代表者のことを指す。この商人たちはオランダ人から出島の使用賃料を受け取っていた。「家主」としての立場から彼らはオランダ人の面倒をみていた。

ところで、商館長は貿易記録や会計書類の他に、出島での日々の勤務中、および江戸参府中に「日記」をつけることが義務づけられていた。この日記はバタフィアにいる総督やオランダ本国にいる取締役会に対する報告書も兼ねているほか、後任商館長の参考としての役割も果たしていた。

平戸商館時代を含む一六三三年から一八三三年までにわたる膨大な量の日記が現存しており、オランダのハーグ国立文書館に保管されている。

オランダ商館長の日記は当時の日本の社会や文化に関する情報の宝庫である。日本の災害の記録について日記の調査を開始すると、驚くことに、火災・大雨・洪水・地震・噴火など、さまざまな災害についての詳細な記録を日記の各所にみつけることができた。しかも、それらの記述は、読む人がまるで自分もそこにいるかのような気分になるくらい臨場感に満ちている。

本書は、オランダ人がそのように書き留めた日本の災害の記録を主要テーマにしている。ただ、災害の記録を単純に並べて提示することは、統計データ上の意義はあるにせよ、それだけでは人間的な側面については見えてこない。それよりも、各商館長が日本で災害に遭遇した時に何を考えて、どのような行動を取ったのか、そして災害時の日本人の行動について、どのように書き記したのかという側面に焦点を当てようと思った。災害時における人間の感情や行動は我々に何かを語りかけてくれる。また、自分が実際に災害に遭遇した時に取るべき行動の参考にもなる。

令和の時代になっても、日本各地で自然災害が多発している。しかし、それは今始まったわけではない。江戸時代にも人びとはたびたび悲惨な目に遭った。オランダ人はそれらの悲惨な状況を綿密に記録したが、これまでそれらの記録の多くはハーグ国立文書館のなかで眠っていた。それらの記録をよみがえらせて、読者に届けることが本書の目的である。

本書の本文については、日本側史料と付き合わせながらオランダの商館長日記の内容に沿ってクレインスが執筆した。また、本文のなかの各所で磯田道史氏の解説が挿入されている。それは、本文の内容のうち江戸時代特有の事情について、さらに理解が深まるように説明を加えていただいたものである。

目次

第一章　明暦の大火を生き抜いた商館長ワーヘナール

新商館長に就任

一六五六年十一月二日、ザハリアス・ワーヘナールは長崎オランダ商館の新商館長となった。その日、ヨアン・ブヘリヨン前商館長より商館の書類が引き渡された。当時、在日本商館長は毎年交代しなければならないという決まりになっていた。

オランダ船は季節風を利用して年に一度だけ日本に渡航し、三ヵ月間の貿易業務を終えるとふたたび帰路に就いていた。日本に来航するオランダ船には毎年新任の商館長が乗っていて、一年間の任期を終えると、次の年に来る船でふたたび日本を去った。その次の年に商館長として日本に戻って来ることは許されていたので、隔年で何度も商館長を務めた人もけっこういた。

ワーヘナールにとって一六五六年は、はじめて長崎オランダ商館長に就任した年だった。ワーヘナールは一六一四年にドイツのドレスデン・ノイシュタットで生まれている。彼は十八歳のときにオランダのアムステルダムに渡り、出版社に勤務した。その翌年オランダ西インド会社に就職し、ブラジルで七年間書記として働いた。一六四一年に一時帰国した後、今度はオランダ東インド会社に就職し、東インド会社のアジア本部であったバタフィアで書記や地図制作者としての仕事に従事した。

東浅草
小石川
本妙寺
不忍池
浅草寺
湯島天神
隅田川
神田川
神田明神
平戸藩邸
外神田
井上邸
黒川邸
清水御門
浅草門
北ノ丸
日本橋
小伝馬町
長崎屋
神田橋
本丸
麹町
半蔵門
深川地区
八丁堀
西ノ丸
京橋
桶町
霊巌島

明暦期の江戸

ワーヘナールは、その堅実な働きぶりが評価されて、バタフィアで少しずつ出世していく。一六五三年には清朝に使節として派遣されている。その三年後の一六五六年に次期商館長として日本に派遣された。そして、前任商館長のブヘリヨンが日本を去るのと入れ替わりに、長崎オランダ商館の新商館長に就任した。

ワーヘナールがブヘリヨンから引き継いだ書類のなかに歴代商館長の公務日記も含まれていた。商館長は任期中の出来事について日記をつける義務を負っていた。これらの日記は本部への報告としてだけでなく、次の商館長のためのリファレンスとしても作成されていた。

公務日記というと、貿易業務や事務手続きのような定型的なことしか記録されていないと思われるだろう。ところが、ふしぎなことに、オランダ人は自分の周りに起きたことや見聞したこと、貿易とまったく関係のない些細なことまで何でも記録していた。しかも、彼らはそれをありのままに書き留めているので、読む人がまるで自分もそこにいるかのような臨場感を醸し出す。

ことに、その記述内容が、実際にオランダ人自身が遭遇した災害となると、なおさら緊迫感が伝わってくる。例えば、本章の主人公であるワーヘナール。彼は第四代将軍・家綱《いえつな》に謁見するため江戸に滞在していた時に明暦の大火に巻き込まれ、その体験を日記のなかで克明に記録している。このようなオランダ人による災害の記録は貴重である。なぜなら、日本の史料にはそこまで詳細なリアルタイムの記録はあまり現存していないからである。本章では、ワーヘナールの日記に沿って、彼が体験し、見聞した明暦の大火を再現してみたい。

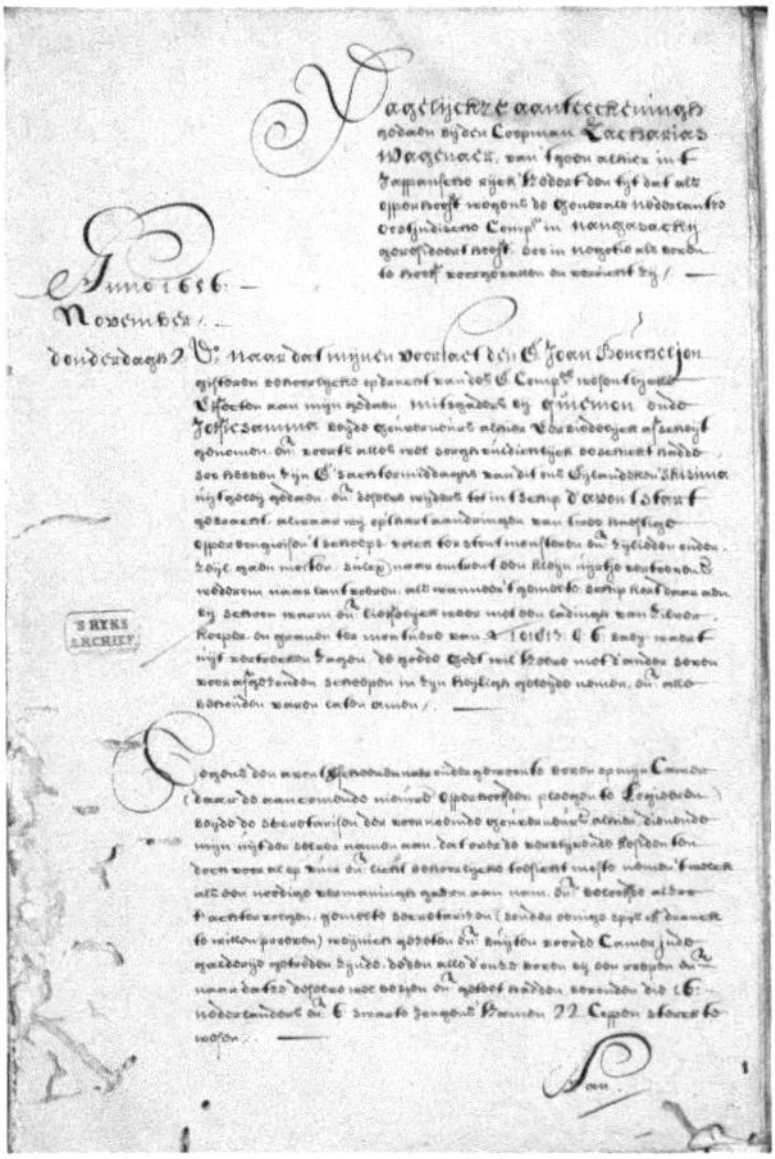

図1　ワーヘナールの日記（ハーグ国立文書館所蔵）

火の用心

ワーヘナールの日記は一六五六年十一月二日に始まる。この日、前商館長ブヘリヨンは黒川与兵衛《くろかわよへえ》および甲斐庄《かいしょう》喜右衛門《きえもん》という長崎の両奉行に挨拶し、銀・銅・米の積荷を載せた船八隻で日本を後にした。同日の夕方に奉行所の役人が商館を訪れ、新商館長ワーヘナールに特に火の用心をするよう勧めた。これは、新しい商館長の就任に際して、毎年おこなわれる定例的な行事だった。江戸時代には、火事が頻繁に起こっていたので、奉行所も防火に細心の注意を払っていたようである。ワーヘナールは防火に注意することを約束した。

江戸参府

オランダ船が出発した後、出島に残された十数名のオランダ人にとっては、翌年に船が来るのを待つあいだ、暇を持て余す生活がはじまる。ワーヘナールは早速、江戸参府の準備に取りかかる。江戸参府とは、商館長と数人の商館員が江戸へ赴き、そこで将軍に謁見する行事である。この江戸参府は原則として毎年必ずおこなわれていた。オランダ人はたいてい一ヵ月間ほど江戸に滞在していた。また、その滞在中に将軍や幕府高官にさまざまな贈物を献上することになっていた。

【解説】　そもそも、なぜ、オランダ商館長は江戸に参府せねばならなかったのか。近現代まで「お年始《ねんし》」の習慣として遺るが、前近代の日本では、家来や目下の者が、年はじめに主君や目上にお礼の挨拶に出頭した。それにより、主従・師弟・親分子分の「関係」が取り結ばれ、たえず確認される社会のルールをもっていたからである。

つまり、オランダ商館は、徳川幕府から貿易の「お許し」をもらっている。そこで、毎年、商館のトップである商館長（カピタン＝キャプテン）が、江戸の将軍のもとに赴いて、将軍に「お礼」としての献上物をささげ、「将軍の高い座所との間で、命じられた通りひざまずき、頭を畳にすりつけ手足で這うように進み出て、一言もいわずに全くザリガニと同じように再び引き下がる」拝礼のしぐさをせねばならなかった（ケンペル『江戸参府旅行日記』斎藤信訳）。毎年、オランダ商館長に「ザリガニ」の物まねのような拝礼をさせる儀礼＝象徴行為で、オランダと徳川幕府の貿易関係は保たれていたのである。

これは、はっきり上下関係をあらわす儀礼であり、幕府にとっては「将軍様の御威光がオランダ人にまで及んでいる」と、アピールできるものであったが、当然、オランダ人にとっては、抵抗感のある儀式であった。前近代の東アジアでは「礼」が秩序のもとになっていた。国家間の外交や貿易には、拝礼が密接不可分の付き物であったから、ややこしい話になった。中国や朝鮮・琉球の王朝と、日本の政権が関係を結ぼうとすると、いつも、この拝賀の「礼」が問題になった。

ところが、オランダの場合は、貿易が中心のオランダ東インド会社の「商館」つまり、会社であったから、いささか都合がよかった。

オランダ人はプロテスタントだから、カトリックのスペイン・ポルトガルのように、国王の意志を背負って、布教（キリスト教化）の目的も持ってきているのではなかった。オランダは貿易こそが目的であった。利益目的の会社の人間が「取引先」である大御所の徳川家康や将軍のところに行くのは、当然である。貿易であって外交ではないから、会社の人間が利益のために、将軍の前で、頭を畳にこすりつけて拝礼しても、オランダの君主の不名誉にはなりにくかった。

それで、オランダ商館長は、幕末の開国に至るまで、じつに一六六回も江戸に行き、この「ザリガニ」ごっこのような、拝礼をくりかえしていたのである。

（磯田）


ワーヘナールは、当時まだ十六歳の四代将軍・家綱に好印象を与えるためにさまざまな珍しい贈物を用意していた。彼は出発が待ち遠しかったが、出発には奉行の許可が必要だった。商館長と奉行との日程調整を仲介していたのは通詞たちだった。通詞はある程度オランダ語ができ、オランダ人と日本人との通訳・翻訳に従事するだけでなく、交渉の仲介

や貿易業務もおこない、オランダ人の世話をも担当していた。奉行所との調整の末、江戸参府の出発日は一六五七年一月十八日に決定された。

ワーヘナールが通詞たちと旅行の準備を進めていたときに、年の若い通詞・西新吉《にししんきち》（別名・吉兵衛）がワーヘナールに江戸の近況について伝えている。二日前に江戸から数名の人が手紙を携えて長崎に来ていたらしく、最近江戸が恐ろしい火災に見舞われたという。五千軒以上の家が焼失し、多くの重要な町々が全滅した。ワーヘナールは江戸の定宿だった長崎屋のことを心配した。というのも、長崎屋は一六五五年十月に火災による焼失を経験していたからだった。けれども、その翌年の二月に前商館長ブヘリヨンが江戸参府した時には、長崎屋はすでに再建されていた。ただ、その迅速な再建はオランダ人のために特別に実施されたものであり、長崎屋の周囲はまだ空地のままの状態だった。幸い、報告によれば、今回は長崎屋とその町内は被害を免れたようであった。ワーヘナールは安心して江戸参府の準備を続けた。

一月十八日の朝十時にワーヘナールは数人の商館員および通詞とともに長崎奉行所へ赴き、長崎奉行・甲斐庄喜右衛門に挨拶した。もう一人の長崎奉行である黒川与兵衛は、江戸でのオランダ人応対の準備のために先に出発していた。

ワーヘナールたちがオランダ商館に戻ると、正午になっていた。昼食を取った後に、ワーヘナールは数人の商館員や奉行所の役人、二人の通詞とともに和船に乗り、江戸へ向けて出発した。下関で別の和船に乗り換え、問題なく大坂へ進んだ。大坂からは、陸路で京都を経て、東海道に沿って江戸へ向かった。ワーヘナールは荷物を運ばせるために大坂で八十五人の運搬人を雇った。大人数となったオランダ人の一行はちょっとした大名行列のような趣を呈し、通過する各地域でかなり目立つ存在となっていたにちがいない。

なぜ江戸に火事が多いのか

オランダ人は二月十六日午後四時に無事に江戸に到着した。江戸に入る時に、ワーヘナールは遠くに濃い黒煙が上がっているのに気づいた。どうやら江戸の東側に火事が発生したようである。ワーヘナールはその時の光景について、次のように記述している。

「各地で町民たち大勢が、その多くは小売商人だが、自分の家の屋根に登っているのを見た。風で炎がどの方向に吹き込むか、火がこちらに来ないかを確かめていた。しかし、距離があるため、危険がないとわかると、彼らはふたたび屋根から下りて、近隣の被害をまったく気にしていないようだった。江戸の町に入るにつれて、去年の十一月に焼失した五千軒の家が、その後こんなにも短期間で整然と再建されたのを見て驚いた」。

この記述から、江戸の町について二つの特徴が浮かび上がる。まず、江戸で火事があまりにも頻繁に起こっていたため、江戸っ子たちは、それに慣れてしまって、あまり気にしなくなっていたことである。もう一つは、わずか二～三ヵ月で五千軒の家が再建されていたことである。驚異的な復興力であるとしか言いようがない。

【解説】江戸に火事が多いのは、なぜであろうか。江戸の大火の回数については、魚谷増男『消防の歴史四百年』、黒木喬『江戸の火事』などの研究がある。大火とされるものは、江戸四九回、京都九回、大坂六回、金沢三回とされ、江戸が圧倒的に多い。

斎藤誠治「江戸時代の都市人口」によれば、一七五〇年頃の都市人口は、江戸一二二万、京都三七万、大坂四一万、金沢一三万である。江戸で火事が多い一番の理由は、人口が多いせいである。しかし、それだけでは説明できない。江戸は人口の多さを差し引いても、京都・大坂・金沢よりも明らかに高い頻度で火事に遭った。その理由は、江戸の都市構造、住民構成によるものであった。江戸の町は、いってみれば、「裏店《うらだな》の世界」であり、裏長屋に住む独身男性の比率が高かった。これらその日暮らしの貧しい住民のなかには、火事になれば、建設工事がはじまり、仕事がもらえる者もいる。それもあって、放火が絶えなかった。一方、京都・大坂などは、斎藤修『商家の世界・裏店の世界――江戸と大阪の比較都市史』が指摘しているが、商家に住み込む奉公人が多く、住人は奉公先の主人によって統制されがちであった。商家では「火の用心」が徹底され、人口の割に、火事を少なく抑えていたのである。

とくに、ワーヘナールが江戸を訪れた一七世紀半ばの江戸は、世の中に不満をもつ命知らずの浪人が町にはあふれていた。また、ヨーロッパから渡ってきた煙草が庶民にまで広がってきたところでもあった。放火や独身者の寝煙草など、火種は、江戸の町にいくらでもあった。そのうえ、町家はほとんどが板葺《いたぶ》きで、寺や武家屋敷をのぞけば、町には、瓦をのせている建物がまだ少なく、類焼しやすかったのである。(磯田)

オランダ人の一行は、多くの人目を引きながら、江戸の町を一時間ほど進んだところで、定宿の長崎屋に到着した。長崎屋源右衛門《ながさきやげんえもん》は日本橋石町三丁目(現・日本橋室町四丁目)の薬種問屋であり、長崎経由で日本に入ってくる薬用人参の販売を営んでいた商人だった。源右衛門は毎年江戸滞在中のオランダ人の世話をしていた。また、代が変わっても長崎屋は幕末までオランダ人の江戸参府時の定宿の役割を担った。江戸後期においては西

洋の知識を求めた蘭学者たちがオランダ人と交流する場にもなっていた。

面会を求める人びと

江戸到着後、源右衛門および参府に同行していた通詞の名村八左衛門《なむらはちざえもん》が大目付・井上政《いのうえまさ》重《しげ》およびすでに江戸に到着していた長崎奉行・黒川与兵衛にオランダ人の到着を知らせに行った。遠藤周作『沈黙』にも登場する政重は、大目付としてキリシタン弾圧を主導していた宗門改役《しゅうもんあらためやく》でありながら、オランダ人のパトロンでもあった。オランダ人が将軍に謁見する段取りを毎年取り計らっていたのは政重だった。

宿で謁見の日程が決まるのを待っているあいだ、ワーヘナールは献上品を整理しようとする。しかし、そのあいだにも、水戸藩主の家臣や政重の孫、尾張藩主の家臣、淀藩主と大勢の家臣、紀伊藩主の家臣、長崎奉行の息子など、多くの身分の高い客がオランダ人の宿を訪ねて来ていた。ワーヘナールは各訪問客に対して、ワインやアーモンド、バターやチーズを出して、もてなした。

十七日に政重から、長崎屋よりも自分の屋敷の蔵のほうが火災に強いので、将軍への献上品を梱包して送ってほしい、との依頼があった。しかし、ワーヘナールは訪問客のもてなしで一日中手が離せなかった。

夜九時に床についたところ、ワーヘナールたちは江戸の北側にふたたび猛烈な火災が発生したことを聞き知った。屋根に登った源右衛門はワーヘナールたちに向かって、次のように叫んだ。「安心して、ふたたび床について寝てください。火は町内から一マイル半（約六キロメートル）離れているから、私たちには被害の恐れがない」。

翌十八日早朝に通詞・八左衛門は政重の言葉を伝えるためにワーヘナールの部屋を訪れた。その前夜、政重は家臣の一人を長崎屋に派遣して、八左衛門に次のように伝えさせていたのだった。

「なぜ昨日の午後に保管のために将軍や老中向けの献上品を梱包して、こちらに送らなかったのか。そのために自分の蔵を提供したのに。ワーヘナールは火災を恐れていないのか。昨夜に自分の目で見たはずの火事が長崎屋に届き、将軍のための献上品を焼き尽くす可能性があることを想像できないのか」。

それに対してワーヘナールは次のように答えた。

「何百ものじゃまにより、私の注意がこのやるべき課題から逸れたことを、ご自分の目で見てわからなかったのか。一日中、訪問客が出入りして、あらゆる物を見たり、取りに来たり、ふたたび持ち込んだりしているあいだ、私は部屋から一歩も出ることができなかったのに、どのようにして献上品を整理する機会が得られたのだろうか」。

なかでも特に政重の孫が厄介だったのだが、ワーヘナールはそれを口には出せなかった。

【解説】

このようにオランダ人が江戸に参府すると、訪問客が多かった。なぜであろうか。当時の日本は、いわゆる「鎖国」であり、一般の日本人の海外渡航は許されていなかった。対馬藩が釜山《プサン》においている「倭館《わかん》」をのぞいて、日本人の海外居住地はなかったから、長崎以外で、西洋人と交流がもてるのは、この商館長の参府以外になかった。そこで、オランダ商館長たちに多くの人びとが面会をもとめてやってきた。

しばしば、西洋人が記すのは、「日本人は、ヨーロッパの学問に対して感受性をもたない中国人とはまったく異なった才能をもっていることを示し」た、ということである（『シーボルト「日本」』第二巻、中井晶夫・斎藤信訳）。中国は儒教などの独自の文明があり、誇りもあって、当時は西洋の学術を日本人ほどには、すんなりと受け入れようとはしなかった。ところが、日本はもともと中国大陸、つまり、外から学問を取り込んできた。学問は外からくるものと思っている。そこで、西洋からも学問や知識を入れるのに、日本人は中国人が抱くほどのためらいがなかった。

それゆえに、オランダ商館長の一行は「幕府の医師や天文方またはその他の大名の公式の訪問をうける。仰々しい集会が催され、給人や通詞もこれに出席する。参会者は質問するが、その際彼らは自然科学や医学さらには天文学において広範な学識を持っていることがわかる。これらの人びとの多くは、ヨーロッパの学問に対して生気にあふれ、熱心に取り組んでいるが、その熱意のほどは実に称賛に値する」と、シーボルトが『日本』第二巻に書いているように、商館長の参府は、日本の蘭学者たちにとって、またとない勉学の機会となっていた。それは、江戸時代のはじめから幕末まで変わらなかった。

また、大名や幕府高官のなかにも、オランダ人に面会しようとするものが、少なくなかった。オランダ人が来ると、わざわざ、江戸近くの大森や品川まで、出迎えにいく大名もいた。実際、オランダ人の宿である長崎屋には来客が殺到したのである。時代は下るが、文政九（一八二六）年に、シーボルトが江戸に参府したときには、薩摩藩と中津藩の殿様が大森まで迎えにきていて、さらに、品川まで来ると、幕府の蘭学医・桂川家がオランダ人一行を待っているといった様子であった。そんなわけで、江戸前期の一六五七年にあっても、大目付・井上政重の孫が、厄介な客としてやってきてしまい、オランダ商館長は、そのお相手で、時間を喰われ困ってしまっていた。井上政重は長子がすでに病死しており、跡取りの孫・井上政清《まさきよ》はすでに数えで三〇歳になっていた。井上家は大目付として、キリシタン取り締まりの中心となっていたから、その下屋敷には「切支丹《キリシタン》屋敷」といって、幕府が捕えたシチリア王国のパレルモ県出身のジュゼッペ・キアラらヨーロッパ人宣教師十人ばかりが収容されていた。そういう井上家の跡取りにすれば、西洋の見聞を広めておき、ゆくゆくは祖父のように要職の大目付になりたかったのかもしれないが、商館長ワーヘナールにとっては、迷惑そのものであったにちがいない。江戸に到着して、彼はあちこちで火事騒ぎが絶えないことを知った。はやく、彼は将軍への献上品を梱包し、安全な保管場所に入れるのに、時間を使いたかったのである。(磯田)

つぎつぎと長崎屋にやって来る訪問客をもてなすことで精一杯だったワーヘナールには、献上品の整理をする余裕がまったくなかった。結局、次の日に献上品は政重の蔵に入った。

二月二十五日に、政重が八左衛門を呼んだ。二十七日に謁見が許された、との知らせだった。翌日の八時に、オランダ人は長崎屋源右衛門と通詞たちとともに政重の屋敷に赴き、そこで政重から、謁見の段取りを教えてもらった。次の日、オランダ人は朝九時に江戸城に入り、家綱への謁見と贈物献上を無事に済ませた。

次の数日間にわたって、オランダ人は各幕府高官に対して贈物を渡しに行くのであるが、訪問時に各高官はつねに不在で、贈物だけを置いていくというのが通例だった。後日オランダ人の宿に返礼品が届く。そして、通常、二回目の謁見があり、そのときに将軍からの返礼品を頂戴するが、ワーヘナールの場合はそうはいかなかった。

大目付・井上政重邸にて大火に感づく

三月二日に政重は八左衛門を呼び出した。オランダ人たちにその日の二時に政重の屋敷を訪れさせるようにとの仰せ付けであった。指定された時間にワーヘナールたちは馬に乗って、政重の屋敷に向かった。

大目付・井上政重の上屋敷はどこにあったのか。ワーヘナールの日記には正確な場所が明記されていないので、その場所を特定するためには当時の地図を見る必要がある。運良く、ワーヘナールが江戸に滞在した年である明暦三年時点の地図が現存している。いわゆる「明暦江戸大絵図」（図2）である。この地図は、三井文庫が所蔵しており、之潮《これじお》という出版社が二〇〇七年に影印版を刊行している。「明暦江戸大絵図」には町名や武家屋敷名が詳細に書き記されている。当時の武家屋敷を同定するのに、ひじょうに便利で貴重な史料である。

井上政重には筑後守《ちくごのかみ》という武家官位があったので、地図上で「井上筑後守」を探し当てると、政重の上屋敷は江戸城の北ノ丸にある清水御門のすぐ東に位置していたことがわかる（図3）。その位置は現在の東京法務局の近くで、千代田区一ツ橋二丁目とほぼ一致している。オランダ人の宿である長崎屋は日本橋石町三丁目（現・日本橋室町四丁目）に位置していたので、まず長崎屋に面している狭い道から出て、しばらく町屋が立ち並ぶ広い通り

図2　「明暦江戸大絵図」（三井文庫所蔵）

図3　「明暦江戸大絵図」に記されている井上筑後の屋敷（三井文庫所蔵）

を西北方向に進むと、神田橋辺りから武家屋敷の地区に入る。そこからは政重の屋敷はそう遠くない。

　道中でワーヘナールたちは、吹き荒び、身にしみる北風に迎えられた。その北風の強さのあまり、ほこりや砂が舞って、前がほとんど見えなかったとワーヘナールは記している。オランダ人たちは風除けとして帽子を顔の前に引っ張って進んだ。彼らは十五分後に政重の屋敷に到着した。ほこりまみれだった。ワーヘナールはその日記で「この見映えの良い馬に乗らないで、乗り物で行ったらよかったのに」と後悔を吐露している。

　家臣の一人がオランダ人の到着を政重に伝えに行った。オランダ人は屋敷の奥にある美しい部屋に案内され、そこに置かれた火鉢の前に座った。しばらくすると政重がその部屋に現れて、オランダ人より数歩離れた窓の近くに座った。政重は通詞・八左衛門を通じてオランダ人と談話した。話の内容は幕府高官のための贈物や西洋の薬品のことが中心だった。しかし、談話している最中に大きな鐘を鳴らす不気味な音が聞こえた。また、その後に遠くから騒音が徐々に近づいて来る。ワーヘナールはこの場面を次のように記述している。

「私は下級商務員たちに向かって低い声で、これは火事の音かもしれないと言った。そのすぐ後に筑後殿〔井上政重〕もその騒音に気がついたようで、彼が座っていたところの窓の障子を少し開けて、頭を外へ突き出した。しかし、すぐに頭を戻し、窓をふたたび閉めて、何事もなかったかのようにふるまった。彼にはその視力のせいで確実にあった火事が見えなかったのか、それとも我々に要らない心配をさせないためだったのか。彼は〔同行していたオランダ人の〕外科医との談話をつづけて、外科医の仕事をほめた。そして、ふたたびいくつかの妙な質問をした。しかし、またすぐに談話が中断された。というのも、年の若い男が入って来て、何か問題があると殿に告げたようである。それを受けて、彼はそのすぐ後に立ち上がり、自分の部屋へ向かった。我々の前を通る時に、彼は穏やかな表情で我々にそのまま座っているようにとの仕草をした」。

このように政重も火事が発生したことに気づいたようである。この時、政重はすでに高齢で、視力が落ちていたということがワーヘナールの日記の別の箇所に書かれている。察するところ、窓の外を見ても、火事の煙が見えなかったのだろう。しかし、そのすぐ後に年の若い家臣が火事のことを政重に伝えに来たので、消火活動や江戸城の防備の務めに当たるために立ち上がって、その場を去ったようである。

大名屋敷の近くで火事が起こった場合、大名は家臣とともに出動して消火活動にあたるしきたりになっていた。また、江戸城での火事の場合は、当然ながら大名や旗本が消火活動をおこなう。火災時、大目付には特に重要な役割があった。寛永十八（一六四一）年に江戸京橋桶町《おけちょう》から発生した「桶町火事」の際に、江戸城における消火活動の陣頭指揮を当時の大目付であった加賀爪忠澄《かがつめただすみ》が執り、消火活動中に殉職したことはよく知られている。政重が呼び出されたということは、火が武家屋敷の地区に近づき、さらに江戸城にまで迫るほど拡大していたと推測される。

政重は消火活動の責務を果たさないといけないため、オランダ人との談話を中断しなければならない。とはいえ、せっかく彼の屋敷を訪ねて来てくれたオランダ人をすぐに追い返すのは悪いと思い、しばらく部屋でくつろぐようにと伝えようとしたのだろう。結果的にオランダ人は大目付の上屋敷に置き去りにされることになった。ワーヘナールはその状況について、次のように書いている。

「我々はその部屋に残された。その部屋は庭に面していた。我々は後ろの障子を開け、廊下に出た。そこで、高く昇る黒煙から町の北側に猛烈な火事が発生したことがわかった。火は強い北風によって町の中に吹き込んだ」。

オランダ人が見た黒煙は、明暦三年一月十八日（西暦一六五七年三月二日）の午後二時すぎに出火した本妙寺《ほんみようじ》周辺から出たものである。本妙寺は法華宗の寺院であり、現在は豊島区に移転しているが、当時は本郷丸山町（現・文京区本郷五丁目）にあった。東京大学より二〇〇メートルほど西へ行ったところにあるマンションの前に説明板があり、そこが本妙寺跡であると書かれている。

位置関係を確認すると、その時オランダ人のいた場所は、現在の千代田区九段南一丁目とほぼ一致する井上政重の上屋敷だった。現在の文京区本郷五丁目にあった当時の本妙寺はオランダ人のいた場所の北側に位置していた。強い北西風が吹いていたので、火は本妙寺のあった江戸の北端から神田を経て、江戸の町の中心に向けて広がり、まさにオランダ人のいる武家屋敷の地区およびその南東に位置している長崎屋のある町屋地区の双方に迫ろうとしていた。

火事は二時すぎに発生したとされている。オランダ人が政重の屋敷に着いたのは、午後二時であり、黒煙に気づくまでに少しのあいだ談話しているので、オランダ人が九段南一丁目の地点から、文京区本郷五丁目で高くそびえる黒煙を見たのは、三時頃であると推定される。

長崎屋に駆けつける

ワーヘナールたちが廊下から黒煙を観察していると、政重に仕える家老が部屋に入って来て、殿の伝言を次のように伝えた。「殿が我々〔オランダ人〕を特別に招いたのは、我々と楽しい一時を過ごすためだったが、この災害にあたって彼は外出し、役務を果たさなければならない。したがって、彼は我々の相手ができないが、我々のために作られた料理を我々に出すことを家老に命じた」。ワーヘナールは「この名誉に深く感謝するが、今はそのような時ではない」と断った。「宿に戻り、迫りくる炎から宿が被害を受けないかどうかを自分の目で確かめる必要があるから」とワーヘナールはその理由を述べた。

家老はその理由に満足して、オランダ人に戻る許可を与えた。ワーヘナールたちは家老に別れを告げた。ワーヘナールはこの時のことを次のように記している。「火が町内から一マイル半〔約六キロメートル〕も離れていて、心配は要らないと〔家老が〕我々に信じ込ませようとしていたが、我々はふたたび馬に乗り、鞭を当てて馬を飛ばした」。

「火が町内から一マイル半も離れてい」るから心配無用という家老の主張はかなり希望的観測の部類に属すると思われる。オランダの「一マイル」は三八五二メートルに換算される。当時の江戸で距離の単位として使われていた「一里」はおよそ三九二七メートルだった。「里」と「マイル」の距離がほぼ同一であるので、家老が一里半と言ったのを受けて、ワーヘナールは日記で単位を「里」から「マイル」に置き換えたと思われる。したがって、家老の考えでは、火事はこの時点で六キロメートルも離れていることになっている。ところが、現在の文京区本郷五丁目と九段南一丁目の直線距離を考えても、この時点で火事は実際には約二キロメートル先の地点まで迫っていたはずである。

家老の言動から推察すると、火事の危険をあまり認識していなかったようである。それどころか、オランダ人にゆっくりと食事を食べていくようにと誘っているぐらいであった。江戸の各所で火事が発生しても、大目付の上屋敷にまでは来ないだろうという根拠のない安心感があったのかもしれない。ところが、オランダ人はそうは思わなかった。強い危機感を抱いて、必死に宿に駆けつけている。

重要書類、現金をどうするか

オランダ人が宿に着いたのは四時すぎだった。宿では助手のコルネーリス・ムロックとワーヘナールの部屋を警備していた日本人の使用人がすでにワーヘナールの書類や衣類などを箱に入れて、源右衛門の防火用土蔵に避難させていた。さらに、残りの贈物や食料品、銀製品、そのほかの荷物も箱に入れて、土蔵に運ぶところだった。

このように荷物を土蔵に入れていたのは、猛烈な炎がやがて宿に辿り着いて、すべてが灰と化してしまうのを皆が恐れていたからである。ところが、屋根に登っていた人が「危険はない。風向きが変わって、火が我々のところから離れている」と叫んだ。確かに夕方頃に風向きが西へと変わったと日本側史料に書かれている。これによって、火元の南側に位置していた長崎屋は安全と思われた。ただ、この時にすでに火が二手に分かれていて、先述の屋根に登っていた人には日本橋方面に延焼していた方の火だけしか見えていなかったのかもしれない。一方、長崎屋の北西に位置していた井上政重の屋敷のある武家地区へ南下している火もあった。風向きが西に変われば、そこから火が長崎屋に辿り着くのは時間の問題だった。

地上からは火事が見えなかったので、ワーヘナールは恐怖と希望のあいだをさまよっていた。周りを見渡すと、大勢の人びとが荷物を持って避難しているという光景が目の前に広がっていた。彼は長崎奉行の役人と通詞たちに尋ねた。「何をすべきか。確信をもって荷物を土蔵に入れてもいいのか、それとも早く〔安全な場所へ〕送るべきか」。源右衛門は答えた。「荷物が今収納されている土蔵より安全な場所はない。なぜなら、その土蔵は去年同じような火事に耐えて、家族とともに生き延びることができたくらいに私の持ち物を守ってくれたからである」。

源右衛門はさらに会社の現金が入っているワーヘナールの書簞笥《だんす》も土蔵に保管することを勧めるが、ワーヘナールにはそのような決心がつかない。彼は言った。「もしも逃げなければならないという事態になっても、自分の側にできるだけ長く持っておきたい」。それを受けて、役人はその書簞笥を駕籠屋と信頼のおける二人の役人に長崎奉行・黒川与兵衛のところまで運ばせることを提案したが、それについてもワーヘナールは安心して任せることができない。

このようにワーヘナールは、東インド会社の重要な書類や現金が入っている書簞笥をどうするのかについて、なかなか決断できなかった。かなり重いものであるので、逃げる時に邪魔になる。他方、東インド会社に対して管理責任を負っているので、手放すこともできない。商館長にとって悩ましいところである。このような責任を負っているからこそ、ワーヘナールは日記のなかでその扱いについて詳細に記述しているのである。結局、ワーヘナールは書簞笥を二階から降ろしてもらい、ロープでしっかりと縛ってもらった。

ワーヘナールが長崎奉行所の役人たちと協議しているあいだに、長崎屋の前を通る人びとの数が徐々に増えていった。ワーヘナールはその状況について、次のように書いている。「我々は年寄や子どもなど一千人以上もの人びとが荷物を担いで通っているのを見かけたが、とても痛ましい光景だった」。この時点で四時すぎになっていたが、本郷や外神田辺りから東南方面へ逃げている人びとが日本橋付近に到着したと推測される。

古代都市トロイのように燃える

その時、ハンス・ユリアーン・ハンコという外科医が屋根から飛び降りて来て、ワーヘナールに屋根に登って自分で火事を見てみるように促した。ハンコによると、長崎屋が火から免れることはあり得ない。その忠告を受けて、ワーヘナールは二階に行き、ハンコの助けを借りて屋根の上によじ登った。ワーヘナールはそこで見た光景について次のように書いている。

「私はこの巨大都市が、かつてのトロイや地球のほかのところと同様に炎で燃えていくことを恐怖と不安をもって見た。いや、明るく照っている太陽全体が黒い煙に覆われて見えない状態になった。そして、火は我々からまだ四分の一マイル〔約九六〇メートル〕ほど離れていたにもかかわらず、その力と熱を寒さのなかで顕著に感じた。強い北風は、斜めに東西一マイル〔約四キロメートル〕の幅に拡張したこの恐ろしい火炎をごうごうと舞い上がる海のように押し進めて、火花を大雨のように前へ駆り立てた。東側が西側よりも先に侵食され、こけら板で覆われている家々が焼き尽くされるのを見た」。

このように比喩を交えた表現で、ワーヘナールは自分の目の前にくりひろげられた明暦の大火の恐ろしい光景を詳細に記述している。興味深いことに、この光景を見たワーヘナールがすぐさま思い浮かべたのは、ギリシャ神話に出てくる古代都市トロイの炎上である。明暦の大火の炎の壁は、ワーヘナールにとって、ホメロスによって劇的に描写されたトロイの最期に匹敵するような凄まじい眺めであったにちがいない。

また、このワーヘナールの記述からもう一つの事実が判明する。それは、風向きが最初北西だったために、火の拡張が、江戸の町の西側よりも東側の方で早く進んでいたということである。つまり、ワーヘナールが長崎屋の屋根の上で火事を見ていた四時過ぎ頃には、火は確実に長崎屋に向かっていた。

ここに至って、家に居残ることが危険すぎると察知した源右衛門は妻子と使用人たちを先に避難させることにし、お互いに離ればなれにならないようにしながら安全な場所を探すようにと命じた。そのすぐ後に役人たちや通詞たち、使用人たちも自分の荷物を持って、皆それぞれ違う方向へ去って行った。ぎりぎりまで待ったところで、最後に残っていた役人頭はワーヘナールの書簞笥を黒川の屋敷へ運ばせ、駕籠屋に用心するようにと頼んだ。

迫って来る炎

ワーヘナールたちには避難する前に一つの仕事が残っていた。土蔵の防火対策である。源右衛門たちは土蔵の窓と戸をしっかりと閉じて、隙間に粘土を塗った。また、土蔵の近くにあった小屋や納戸はすべて取り壊された。建物の取り壊しは、江戸時代において火事の危険が迫った時に取られた防火対策の一つである。

【解説】

ワーヘナールが書いているように、江戸時代の防火対策の一つは、土蔵であった。ただ、土蔵はそれだけで火を防げるものではなかった。土蔵は窓や戸に、粘土を塗り付けて、目塗りをした。緊急時で、粘土がなければ、味噌を塗った。「ねずみ穴」という落語があり、江戸の町では秋冬に強い風が吹いただけで、土蔵のねずみ穴に粘土を塗って火事に備えるようになった。このオランダ商館長の記録でも、燃えやすい周りの建物を破壊し、土蔵にかかる火災の熱を下げていたことがわかる。しかし、土蔵は地面から上にそびえて立っている以上、火災の高熱をうけやすい。そのうえ、土蔵は厚い耐火煉瓦でおおわれているわけではないから、大火では燃えてしまう。そこで、発達してきたのが「穴蔵」であった。屋敷地の床下などに地下室・穴蔵を掘っておき、火災の時には、財産物を、いっさいがっさいその中に放り込んで、砂袋で上部の入り口をふさぎ、着の身着のまま、逃げる。土蔵にくらべ、設置費が少なくてすむので、これが江戸後期にかけて、普及していった、といわれている。ただ、火事が収まると、すぐに、そこへ飛んで帰らねば、穴蔵の財宝は掘り出されて、他人のものになってしまうかもしれなかった。（磯田）

しかし、そのような防火対策を施しているうちに、危険がどんどん差し迫ってきた。ワーヘナールは家の戸の前に立って火事の状況を観察していた。「火が東側に、マスケット銃の射程内に来ているのが通りのあいだから見えた」とワーヘナールは書く。ただ、この記述には大きな問題が一つある。日本側史料、そしてこれまでのワーヘナールの記述からすると、火は北西方向から長崎屋に延焼したはずである。したがって、ワーヘナールが火を東側に見たということは考えにくい。これはおそらく誤記である。一方、「マスケット銃の射程内」という記述は当たっているだろう。当時の文献で調べると、マスケット銃の射程はおよそ二〇〇〜三〇〇メートルだったので、自分の身に危険を感じるぐらい、かなり切羽詰まった状況になっていたことがわかる。

迫り来る炎を目の前にして、ワーヘナールはさらに続ける。「私はそれを役人頭に指し示した。彼はすぐに槍を手に取り、戸の前に出た。そして皆がいることを確認してから、我々は皆四時半頃にそこから立ち去った。これで我々は我々の宿とすべての荷物を置き去りにして、すべての物をなめ尽くすこの無慈悲な炎に明け渡してしまった」。

ワーヘナールの日記に記載されているとおり、オランダ人が宿に着いたのは四時すぎだったので、四時半にその場を後にしたということになると、荷物の整理、屋根に登っておこなった火事の状況確認、土蔵の戸締まりや粘土塗りがすべて三十分足らずで済まされたことになる。かなりのスピードである。それだけ危機感があったと言えるのではないだろうか。

避難民で溢れる通り

通りに出てから、役人頭はその部下たちにオランダ人が離ればなれにならないように細心の注意を払うよう命じた。ワーヘナールはその時に通りで見た光景について、次のように書いている。

「しかし、恐怖に怯《おび》える避難民たちが大勢いたので、我々はまったく進めなかった。というのも、彼らはこのような火災の時にその荷物を大きな櫃《ひつ》に入れて、それを砲架《ほうか》車に似たような四つの車輪の付いた荷車に載せて運ぶ習慣をもっているからである」。
このように、荷物を火から守ってくれる耐火土蔵を持っていない人びとは、荷物を荷車で敏速に運び出していた。この荷車を「車長持《くるまながもち》」という。いざという時に俊敏に荷物を移動できるように、普段の生活で使っている長方形の木箱の下に車輪を付けたような簡単で便利なものだった。しかし、このような便利なものが避難経路で大きな混雑を引き起こしてしまうことは想像に難くない。

【解説】

この車長持については、いささか説明がいる。前近代の日本の町は火災が多かったから、長持にキャスターをつけて、台車として、財産を運び出すことがおこなわれた。京都ではじまったものとみえ、中世には、公家の冷泉《れいぜい》家などでも貴重な典籍をこの車長持にあらかじめ入れておき、いざ火事になると、外へ引きずり出して火から守った。信長・秀吉の時代に、これがひろく普及して、「天正より以来、明暦のころまで、車長持というものを家々に備えて、都鄙ともに非常時の道具にしていた」(山崎美成《よししげ》『麓の花』。以下、古典籍の引用は適宜現代の言葉に訳している)。ところが、本文のように、明暦の大火で、この車長持が人びとの避難を妨げ、焼死者数を増大させることが明らかとなった。この大火の様子を記した『むさしあぶみ』には、こうある。「〔避難民が〕町中に引き出し、火急をのがれて打ち捨てた車長持は、辻小路に積み上げられ、ぶつかりあって、人は一層に思うように通れなくなった」。その結果、多くの人が焼死したのである。

そこで幕府は「車長持の規制」に乗り出した。その規制の動きをみると、一六五〇年頃から一七〇〇年頃までの五十年をかけて、この国で、財産保護よりも、人命重視に傾いていく幕府の政策の流れがわかる。車長持の禁令ははじめは徹底したものではなかった。火災時に、長持などを橋の付近に置くな、という禁令にとどまっていた。ところが、次第に「火事の節、地車に諸道具を積んで避難してはならない。車長持は今後いよいよ禁止である」（『御触書寛保集成』）と、火災時に台車に荷物を積んでの避難が禁止されるようになる。とくに、五代将軍・徳川綱吉《つなよし》は「お犬様」のみならず、馬や、赤ん坊の命を守る法令をくりかえして出した政権である。人命保護の観点から、車長持での避難を厳しく禁じた。しかし、火事から財産を守りたいのは人情であり、車長持は完全にはなくならなかった。そこで、六代将軍・徳川家宣《いえのぶ》の時、一七一一（正徳元）年に、とうとう、車長持の製造自体が禁じられた。人命の保護という観点から、幕府が法律的に、法で厳しく人びとの行動を制約する時代になった、といってよい。これ以後、車長

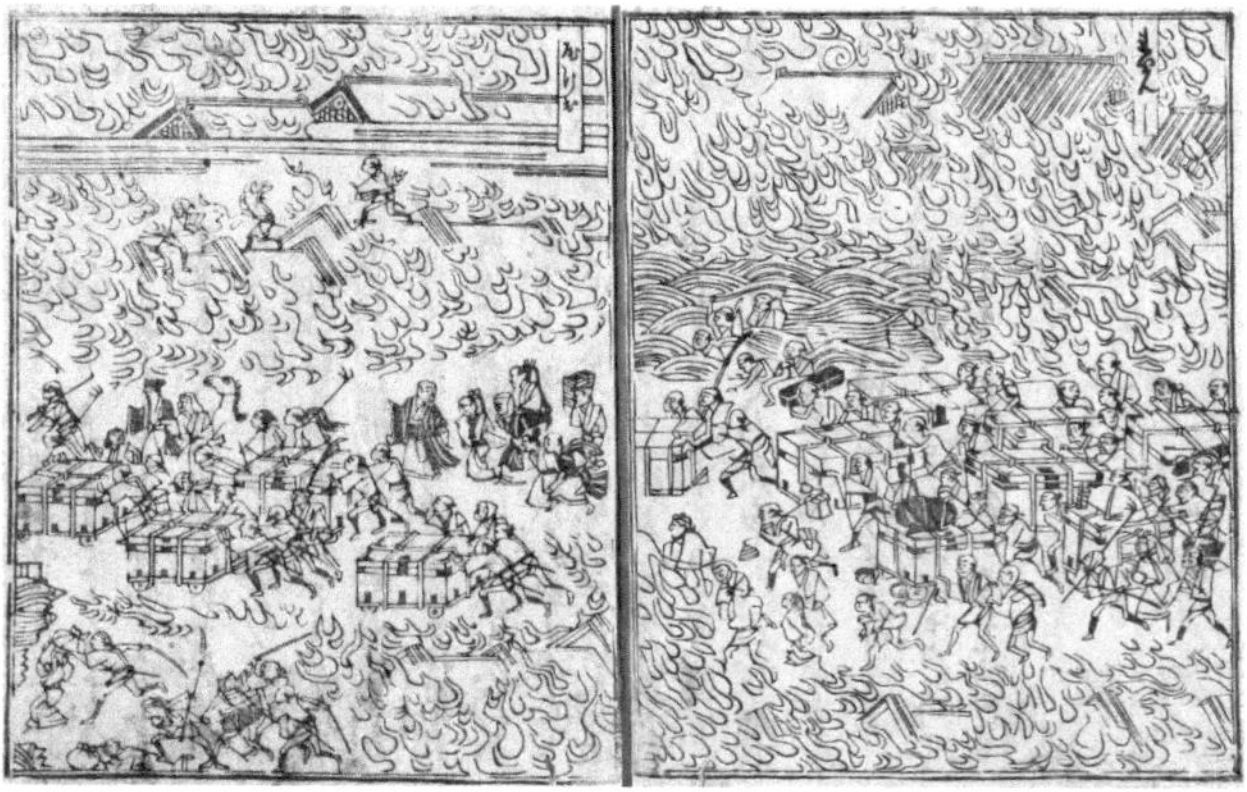

図4　霊巌寺周辺での避難状況を表す霊巌寺図（『むさしあぶみ』国立国会図書館所蔵）

持は、とくに、江戸・京・大坂の三都で姿を消していき、江戸時代後期には、田舎の蔵でみかけられるだけの珍しい道具となっていった。

　日本においては、一六五〇年頃までは、荒々しい世の中で、人命や人権は、それほど、かえりみられていなかった。一七〇〇年頃までの半世紀で、人命が重んじられるようになるが、一方で、人びとは、お上からの法度《はっと》や禁令によって、強く統制され、介入を受けるようにもなった。そのことが、車長持の規制のさまからも、うかがえるのである。　（磯田）

ワーヘナールによる避難の実況の描写はなおも続く。「誰も最後になりたくなかったので、民衆はすべての辻に設置されている木戸に殺到していた。それらの木戸はあまりにも混雑したため、荷物を担いでいる二百人以上の人びとが何度もそれらの木戸の前で足留めされた。時間が経つほど殺到する民衆の数がどんどん増えた」。

ここでワーヘナールが言及している「木戸」は江戸時代に各町の境に設けられていた木製の柵と門のことである。道筋に家がびっしりとすきまなく建てられていたので、隣の町内に移動する際には必ず木戸を通らなければならなかった。各通りにこのような木戸が設けられた目的は、治安のためであり、盗賊の逃げ道を閉ざすためだった。夜間および盗賊が現れた時に、番人が木戸を閉鎖した。木戸は治安を維持するには役立っても、火事の際には避難民の逃げ道を遮断する凶器になっていた。木戸という障害物のために多くの犠牲者が出ていたにもかかわらず、幕府はこの制度を改めようとしなかった。「人間の命」よりも「治安」の方を重んじたのである。

職務に忠実な役人

この混雑した状況でワーヘナールたちはどのように行動したのだろうか。「荷物を持っていなかった人びとは櫃や包みの上によじ登って、逃げ道を探していた。我々も同じことをやって、最終的に仕方なく差し掛け小屋や屋根の上に登った。そうしなければ、すべてを燃やし尽くす炎が我々に追いついて、我々を灰にするのは確実だった。後でわかったが、それこそが荷物を担いで進めなかったかわいそうな人びとの悲しい運命だった」。

オランダ人の命が助かったのは奉行所の役人のお陰であるとワーヘナールは書いている。「奉行所の役人と通詞たちは自分の安全よりも我々の安全を大事にしてくれた。彼らの助けにより、我々はより広い場所に辿り着いた。そこで〔長崎奉行〕黒川与兵衛の屋敷へ行くことに決めた。その屋敷で夜を過ごす避難所が見つかる希望を持っていたからである」。

【解説】ここで、日本の武士たちがみせた行動の意味を考えておきたい。長崎奉行所の役人と通詞は、なぜ職務に忠実なのか、なぜ火災時に、おのれの危険をかえりみず、オランダ商館長たちにピッタリとついて保護しようとしたのか。

真実、彼らは、自分で勝手に逃げたりはしなかった。彼らは、通訳であり、また貿易管理官であり、オランダ人の監視役でもあった。代々、それを家業としているから、ここでオランダ人を放り出して勝手に逃げれば、幕府への不忠義の卑怯者とされ、失業してしまう。

これは江戸期のほかの武士や役目にもいえることであった。江戸期は、職役を世襲化つまり永代雇用にすることで、戦場や火事場など、いざという時に、職務や持ち場に踏みとどまらせる仕組みができていた。逃げれば、子孫が職を失う。不正をせず、踏みとどまって、「討ち死に」すれば、おのれは死んでも、子孫の生活は保障されるというわけである。西洋人から見れば、個人が犠牲にされ、家や子孫が優先されるシステムであるかもしれなかった。

ただともかく、江戸期は、この「世襲」システムによって、役人の不正や、武士の不忠義が抑えられていた。この日本的システムのなかでは、古くから何代も役目を続けている家が信頼される。それは商取引でも同じであり、老舗《しにせ》を信用する日本人を作っていった。「世襲」を心地よく感じ、これを信用する、という伝統は、江戸時代に完成されたものである。近現代にいたって、世界的にみても「議員の世襲」の多い不思議な先進国となっている背景ともつながっている。

ただ、この世襲システムは、安定志向と失業への恐怖という「欲得ずく」だけで成り立っていたわけではない。背後には教育があった。いざという時に、取り乱すことは、礼儀にかなわない、はしたない行いであり、主君への忠義と、父祖への孝行に反すると考えられた。オランダ商館医・ツュンベリーは、一七七五年から一年間、日本に滞在したが、こう指摘している。「礼儀正しいことと服従することにおいて、日本人に比肩するものはほとんどいない。お上に対する服従と両親への従順は、幼時からすでにうえつけられる。そしてどの階層の子供も、それらについての手本を年配者から教授される」（『江戸参府随行記』高橋文訳）。このように、日本の世襲システムは、礼儀・忠義・孝行の教育と一体になって、成り立っていた。（磯田）

前述の「明暦江戸大絵図」を調べたところ、与兵衛の屋敷は長崎屋の北、神田川に架かる和泉橋《いずみばし》の南詰に位置していた。現在の千代田区岩本町三丁目に当たる。火災はその北西方向の本妙寺周辺（現・本郷五丁目）から出火し、南東へ広がっていたので、与兵衛の屋敷へ行くためには、火災の延焼方向を横切らなければならない。しかも、一行は道に迷っていた。ワーヘナールは語る。

「しかし、我々はその場所をまったく知らず、どちらの方向へ行くべきかわからなかった。最終的に我々からさほど遠くないところに寺院が見えた。我々はそこへ向かった。その寺院の境内を通ろうと思ったところ、そこの警備が我々の鼻に槍を向けながら、我々を止めた。運良くそこに騎乗した大名が近づいた。彼の家臣たちは皆鳶口《とびぐち》を持っていた。彼は我々に同行している役人と知り合いであったらしく、我々を寺院のなかに入れてくれた」。

しかし、寺院の奥に出口がないことに気づいたので、オランダ人は竹垣を潰し、寺院にいた、どこへ行くべきかわからない大勢の貧しい人たちと一緒にそこから通りに出た。しかし、この通りは最初の通りと同様に群衆の混雑のためになかなか通れなかった。オランダ人は群衆のなかを無理矢理に押し分けて進み、与兵衛の屋敷に繋がる堤防に辿り着いた。

ここまで見てきたワーヘナールの日記からは、江戸における火災発生時の避難対策不足が浮かび上がる。火災が発生した場合、人びとはまず風向きを確かめる。火災が自分の方向に来ないとわかれば、人びとは何ごともなかったかのように日常生活を続ける。しかし、いざ火災が自分のところにも及びそうになれば、避難すべき先もわからないまま大勢の人びとが通りになだれ込み、それにより大きな混乱が発生した。このような火災発生後の避難対策の欠如が犠牲者の数の拡大に繋がっていたにちがいない。

門前払いと江戸時代の「自由」

与兵衛の屋敷へと続く堤防に辿り着いたワーヘナールたちはそこでしばらく留まっ

図5　黒川与兵衛の屋敷（中央・川の下）、松浦肥前守の屋敷（右上）、浅草門（右下）（「明暦江戸大絵図」三井文庫所蔵）

て、お互いの安否を確認していた。当初、下級商務員フェルスヒューレンが行方不明になっていたが、その後にフェルスヒューレンを含む全員が揃い、堤防に沿って与兵衛の屋敷に向かった。

しばらくして一行は、多くの従者を引き連れていた与兵衛の息子と遭遇した。彼らは遊びに出かけていたのだが、今は家に帰るところだった。オランダ人も与兵衛の屋敷へ行こうとしているると聞いて、彼らはそれをしないように忠告した。屋敷はすでに人でいっぱいだったので、歓迎されないだろうとのことであった。

このようにオランダ人は長崎奉行の

屋敷近くで門前払いされてしまった。オランダ人は折り返して、平戸藩邸に赴くことを決めた。この時点ですでに薄暗くなっていた。

平戸藩邸は与兵衛の屋敷のすぐ近くにあった。現在の浅草橋五丁目（今は都立忍岡高等学校の敷地になっている）に位置していたので、与兵衛の屋敷から神田川を越えて、少し北東に進んだところにあった。オランダ人はほどなくして平戸藩主の屋敷に辿り着いた。ワーヘナールが来日する十五年前まではオランダ商館が平戸にあったので、長崎出島移転後も平戸の人びととオランダ人とのあいだには親近感が残っていた。現に、ワーヘナールがこの時助けを求めようとした平戸藩主・松浦《まつら》鎮信《しげのぶ》は、オランダ商館が長崎に移転する以前から在任していたこともあり、オランダ人と深い親交のあった人物だった。そのため、このような緊急事態に際して鎮信ならオランダ人を泊めてくれるのではないかとワーヘナールは期待していた。

ワーヘナールはこの時の鎮信との邂逅について、次のとおりに書いている。「我々が平戸藩の屋敷の大きな門をくぐって入ったところ、そこに屋敷を後にする準備が整った藩主とその子どもたちの姿を見た。しかし、彼は我々を屋敷に入れてくれて、奥にある小さな建物に案内してくれた。そこは夜を過ごすにはじゅうぶんだった。ところが、そのすぐ後に彼の考えが変わったようで、その場所がこの恐ろしい火事の勢いに対して安全でないうえ、特に、我々に対して責任をもつ長崎奉行と井上政重への〔責任放棄の〕疑念が起こらないようにするためにも、我々がほかの場所を探すべきだと我々に知らせた」。

この記述には、平戸藩主の置かれた微妙な立場が浮き彫りになっている。彼はオランダ人に好意をもっていただろうし、この緊急事態においてオランダ人の助けになりたい気持ちもあったようである。しかし、その一方でオランダ人の世話はもう彼の管轄外になっている。勝手にオランダ人をかくまうと、オランダ人の世話役である長崎奉行と大目付の面目が立たない。さらには、この記述には明記されていないが、下手をすると、平戸藩主が幕府の知らないところでオランダ人と何らかの関係をもっているのではないかという疑惑にも繋がる可能性があることも鎮信の脳裏をよぎったかもしれない。けれども、幸か不幸か、風向きのせいで火の手が平戸藩邸に向かっていることがオランダ人を屋敷から追い出すための都合の良い口実となった。

このようにオランダ人はたてつづけに長崎奉行と平戸藩主の屋敷から追い返された。だが、現代に生きる我々は与兵衛と鎮信にむしろ感謝しなければならない。なぜなら、どちらか一方でもオランダ人をその屋敷に泊めていたならば、彼らは確実に炎に飲み込まれ、ワーヘナールの日記が現代の我々の手元には伝わっていなかったからである。オランダ人が平戸藩邸から立ち去った後、大火は両屋敷のある地区を完全に破壊した。

このように、オランダ人の一行は、長崎奉行の家にも平戸藩主にも、泊めてもらえず、追い返されてしまった。火災時であっても、オランダ人を屋敷に宿泊させる自由は、どうやら彼らにはなさそうである。なぜそうなのか。江戸時代の日本人の「自由」について論じておく必要がある。

【解説】

江戸時代の日本人の国民性について、先述のツュンベリーは、こう書いている。「一般的に言えば、国民性は賢明にして思慮深く、自由であり、従順にして礼儀正しく、好奇心に富み、勤勉で器用、節約家にして酒は飲まず、清潔好き、善良で友情に厚く、率直にして公正、正直にして誠実、疑い深く、迷信深く、高慢であるが寛容であり、悪に容赦なく、勇敢にして不屈である」。

ツュンベリーは、日本人は「自由である」という。しかし、その自由の中味については、彼はこうも論じている。

「自由は日本人の生命である。それは、我儘や放縦へと流れることなく、法律に準拠した自由である。法律はきわめて厳しく、一般の日本人は専制政治下における奴隷そのものであると信じられてきたようである。しかし、作男〔奉公人〕は自分の主人に一年間雇われているだけで奴隷ではない。またもっと厳しい状況にある武士は、自分の上司の命令に服従しなければならないが、一定期間、たいていは何年間かを勤めるのであり、従って奴隷ではない。日本人は、オランダ人の非人間的な奴隷売買や不当な奴隷の扱いをきらい、憎悪を抱いている。身分の高低を問わず、法律によって自由と権利は守られており、しかもその法律の異常なまでの厳しさとその正しい履行は、各人を自分にふさわしい領域に留めている」。

ここには、江戸時代の日本人の自由について、二つの指摘がなされている。第一に、日本人の自由が異常なまでに厳しい法律の範囲内のものであると指摘している。上が決めてくる「御法度」「御規式」とよばれる法律制度の枠が、まず、はまっていて、その枠内であれば、かなりの自由がきく。それが西洋人の目に映った日本人の自由の姿であった。

第二に、日本人の自由の程度には身分によって差がある、と指摘している。農民の家にいる作男でさえも奴隷ではなく、一年契約の雇用関係であった。それに比べ、一番、自由を制約されているのは、武士身分だという。「もっと厳しい状況にある武士は、自分の上司の命令に服従しなければならない」とされ、武士こそがもっとも不自由な人びとなのは確かであった。幕末に長崎で幕府の海軍伝習所の教官となったカッテンディーケは、こう書いている。「これに反して、町人は個人的自由を享有している。しかもその自由たるや、ヨーロッパの国々でも余りその比を見ないほどの自由である」(『長崎海軍伝習所の日々』水田信利訳)。法制度のもとで、武士が行動を制約される一方、町人は最大限の自由を謳歌していた。

ここから、長崎奉行や平戸藩主の行動も説明がつく。彼らは火災で焼け出されたオランダ商館長一行を助けたかったが、将軍の臣下であり、その行動には、幕府の法制度をおもんばかる強い制約がかかっていた。火災時とはいえ、自分の一存で、オランダ人を長時間、屋敷のなかにとどめることは、制度上、ためらわれたのであろう。

(磯田)

小屋で夜を過ごす

ワーヘナールは二度も追い返されたことに少なからぬショックを受けていた。この時の惨めな状況について彼は次のように書いている。「このように我々は哀れな貧しい人のようにそこから去り、夜遅い酷寒のなかでふたたびさまようことになった。しかし、月が明るかった「ことだけが救いだった」」。

この後、一行は北東に進んだようである。というのも、その後に平戸藩邸からさほど遠くない隅田川に辿り着いているからである。「我々は最終的に郊外にある江戸の川〔隅田川〕の近くに辿り着いて、気づいたら大勢の下層民のあいだに交じっていた。そこで我々が物乞いであるかのように二〜三回断られた後に、ようやく貧民のみすぼらしい小屋のなかに入れてもらった」とワーヘナールは書いている。

ワーヘナール一行が辿り着いた場所は、恐らく浅草寺の北側に位置する地区であったと推測される。当時は江戸の東の外れで、貧民街だったようである。

ワーヘナールたちがやっとのことで泊めてもらった小屋には火も灯りもなかった。ワーヘナールたちはそこで「寒さで歯をガチガチ鳴らしながら夜を過ごした」。というのは、その日は大目付・井上政重の上屋敷を訪問するために生地の薄い礼服を着用していた。避難する時に着替える暇がなかったので、小屋に泊まっている時も同じ礼服のままだった。三月二日だったので、まだ寒い。火事は冬場に起こることが多い。ワーヘナールの日記を遡ると、「晴れているが、ひじょうに寒い」という記述が大火の数日前にくりかえし見られる。江戸の住民たちは火から逃れても、今度は寒さに耐えなければならないという過酷な状況だった。このような寒さのなかでワーヘナールは一睡もできなかった。

夜の十時ごろに悪い知らせがワーヘナールに届けられた。オランダ人が長崎屋から出発したすぐ後に、長崎屋および土蔵を含む町内が完全に灰燼と化したとのことであった。

三月三日の夜明けに、会社の現金の入った書簞笥が小屋に届けられた。ワーヘナールは安堵した。というのも、前述のように、この書簞笥はワーヘナールにとって大きな気掛かりだったからである。

三つの火事

ワーヘナールはその朝、町の方を見渡すと、ふたたび火災が発生していることに気づいた。「昨日逃げている最中に、我々が町の北側に見たような恐ろしい火災が、今朝は町の南側で起こっているのを観察した」とワーヘナールは日記で書いている。実際に、明暦の大火は一つの火災ではなく、旧暦の明暦三年一月十八日から十九日（西暦一六五七年三月二日から三日）にかけて起こった複数の火災を指す。ここではその延焼経過について簡単に説明する。

これまで見てきたワーヘナールたちが経験した命がけの避難についての記述は、明暦の大火の一日目（旧暦の一月十八日）の出来事である。この日にワーヘナールたちの命を危うくさせたのは、午後二時すぎに本妙寺周辺から出火した最初の火災である。本妙寺は当時の江戸の町の北側、不忍池《しのばずのいけ》の西側に位置していた。北北西の強風のため、火は本妙寺周辺から瞬く間に南南東方向と南方向に燃え広がり、湯島天神、神田明神のある地区に延焼し、大目付・井上政重の上屋敷のあった現在の千代田区あたりを飲み込んだ。そこからさらに日本橋へ延焼し、オランダ人の定宿だった長崎屋がある町内を全滅させた。夕方頃に西風に変わり、今度は長崎奉行・黒川与兵衛の上屋敷（現・岩本町）や平戸藩邸（現・浅草橋）のある地区にも燃え広がった。

ワーヘナール一行の逃げて行く先々の道には偶然にも火がつぎつぎと追いかけるように延焼していった。最終的にワーヘナールは、火の手が届かなかった浅草寺の北側まで逃げ切った。火の範囲はその後も拡大し、小伝馬町《こでんまちょう》や八丁堀に達し、そこに建ち並んでいた諸大名の屋敷をも消滅させた。そして、火はさらに隅田川を越え、深川地区まで延焼した。火は火災旋風によって大きな川をも簡単に越えていく。だからこそ、川や堀を頼みにせず、風向きを見て避難経路を選択することが大事になってくる。

そうした的確な避難方針を持たずに逃げまどうことになったオランダ人はかなり運が良かったと言える。なぜなら、ワーヘナールの日記を見るかぎりでは、風向きではなく、夜を過ごせそうな屋敷が避難先の目印だったからである。この状況のなかでワーヘナール一行が助かったことは奇跡であると言っても過言ではない。ワーヘナールはみすぼらしい小屋で夜を過ごさざるを得なかったことを嘆いていたが、そこに泊まったからこそ命が助かったのである。

ワーヘナールがその翌朝に南の方向に見た火は、旧暦十九日の早朝に小石川周辺から出火したものだった。この火は南へ延焼拡大し、江戸城の内堀を越えて、天守閣や本丸御殿をも焼失させた。そしてさらに江戸城の北西側にあった武家屋敷の地区（現・千代田区）を一掃した。また、三番目の火事として同日の午後に麴町《こうじまち》から火が出て、江戸城の南西側の下級武士の地区（現・霞ヶ関）をも焼き尽くした。

この三つの火事から成る明暦の大火によって江戸の中心部はほとんどが焼けてしまった。火を免れたのは、風向きの変化によって奇跡的に助かった江戸城西ノ丸やオランダ人が避難した郊外地域だけだった。

食糧価格の高騰

ワーヘナールの日記の続きを見てみよう。それによると、ワーヘナールとずっと行動をともにしていた役人頭は、三月三日の朝になって従者の一人を井上政重の元に派遣し、自身も与兵衛のところへ赴いた。ワーヘナール一行を泊める宿があるかどうかを問い合わせるためだった。しかし、昼頃にそれぞれ戻ってきた二人が持ち帰った返答は両方とも「自分たちで探すように」とのことだった。

それを受けて、ワーヘナールたちは自分の力で宿を探しに行かざるを得なかった。彼らは避難した小屋のすぐ近くで比較的大きな家を発見した。気前よく宿泊を承諾してもらえたので、ワーヘナールはその家の「貧しい住民」にじゅうぶんな報酬を与えた。そこでは火鉢の火がついていた。オランダ人はその火鉢を囲んで、「半ば凍えて、硬くなった身体を温めた」。

しかし、その家にはお米などの食糧はなかった。ワーヘナールは役人と通詞側の料理人である九朗左衛門に食糧を買いに行かせた。食糧は入手できたが、その対価はひじょうに高かった。ワーヘナール一行と宿泊先住居の家族のためのお米に二分も支払った。金一分を現代のお金に換算すると、約二万五〇〇〇円である。したがって、ワーヘナール一行のその日の食費は五万円ほどかかったことになる。この食糧価格の高騰は貧しい人びとのあいだに空腹と苦悩をもたらし、多くの尊い命を奪ったとワーヘナールは記録している。

長崎屋の人びとの安否

ところで、長崎屋の人びとは無事だったのだろうか。ワーヘナールの日記によると、主人源右衛門は母親および妻子、従業員とともに一晩中さまよい、オランダ人を探しているうちに互いに離ればなれになっていた。午後になって、長崎屋家中の人びとがそれぞれ別々にオランダ人の泊まっている家につぎつぎとたどり着いた。二人の女中だけが行方不明のままだった。

一方、ワーヘナール一行からは三人の日本人の従者が行方不明になっていた。行方不明者のなかに長兵衛という料理人が含まれていた。この長兵衛はオランダ人にとって有用な人であった。彼は料理だけでなく、通訳もこなすなどオランダ人の世話をしていた人物だった。その後、行方不明となっていた従者二人は宿に辿り着いたが、長兵衛の身に起こった悪い知らせをもたらした。

避難時に高い壁から飛び降りて死亡した大勢の人びとの死体のなかに長兵衛の遺体を見つけたと、この二人の従者はワーヘナールに伝えた。ワーヘナールはすぐに二人の従者をその場所に派遣して、長兵衛の遺体を回収させた。長兵衛の遺体はオランダ人が泊まっていた家のすぐ近くの寺院の前に埋葬された。

その日の夕方にワーヘナールは泊まらせてもらっていた家のある東浅草から江戸の町を眺めて、「すべてを破壊し飲み込む炎が絶えず上昇し、地獄の炎であるかのように次第により広範囲に広がっていく光景を見た」と記している。ワーヘナールが見たのは、朝に発生した小石川周辺の火災に、夕方に麹町から出火した火災が加わった光景であると思われる。江戸の町の郊外から眺めると、まさに地獄の炎を目の当たりにしているような恐ろしい眺めだったにちがいない。

ワーヘナールの日記には、そこからは大名の屋敷や寺院などのうち、どのような建物が炎に飲み込まれているのかを確認できなかったと書かれている。この時の火災は主に江戸の町の南西地域に広がっていて、そこはワーヘナールのいた東浅草から少し遠かった。

炎に飲み込まれた江戸城

ワーヘナールは通詞たちから江戸城での被害についての報告を受けた。その情報は、オランダ人の宿を訪ねた二人の幕府の役人から得たものであった。ワーヘナールはその報告を次のように記している。「このすべてを飲み込む炎は今朝風によって押し戻され、江戸城および将軍の御殿のなかに飛び込んだ。昼になると、その火はあまりにも迅速で恐ろしく優勢になったため、将軍や老中、主要な大名とその妻たちも間一髪のところで逃げ切るのに精一杯だった。これによって、城壁に囲まれたヨーロッパのもっとも大きい都市に匹敵する、この素晴らしい城が我々の眺めている火によって壊滅した」。

この文章から、ワーヘナールにとって江戸城がひじょうに印象深いものだったことがうかがえる。一つの城がヨーロッパの一つの都市と同じくらいの大きな面積を占めるという、江戸城の規模の大きさは、当時のヨーロッパ人のあいだで将軍の権力や富に対する想像力をかき立てていた。ワーヘナールの先輩にあたる最後の平戸オランダ商館長だったカロ

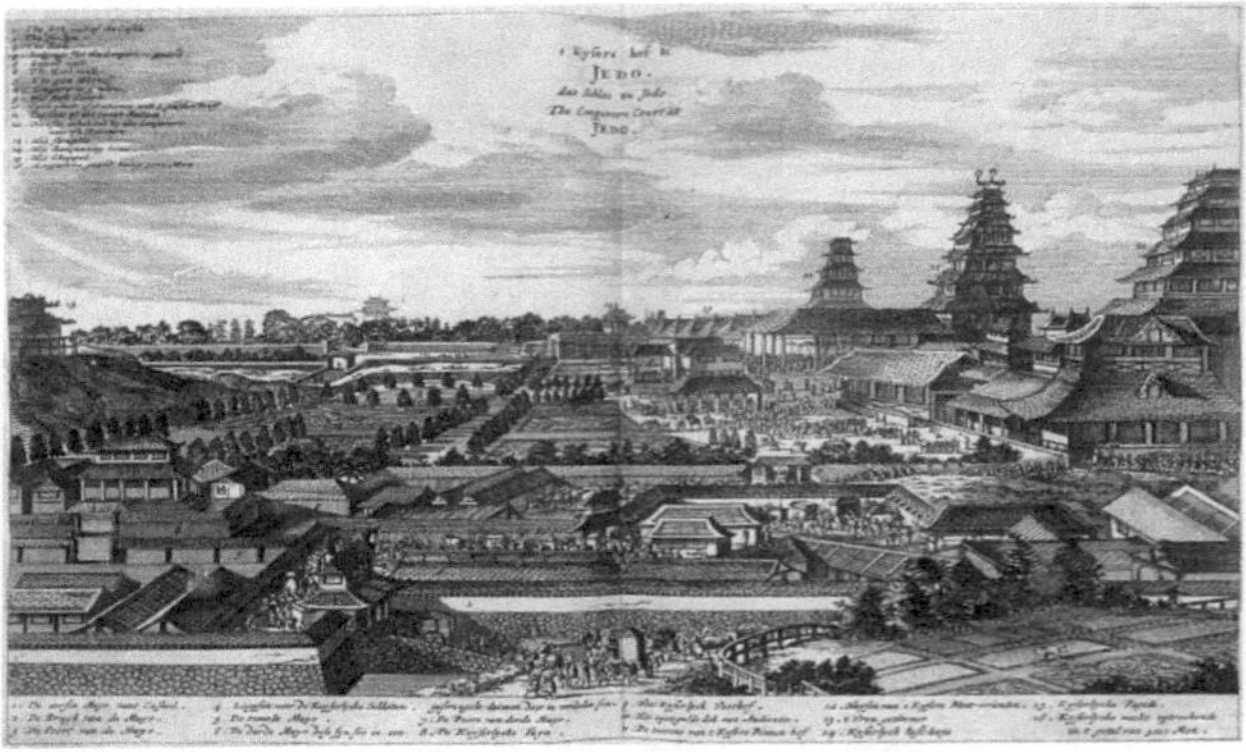

図6　江戸城図（『オランダ東インド会社遣日使節紀行』1669年刊、国際日本文化研究センター所蔵）

ンも、ワーヘナールよりも二十年ほど前に江戸城の巨大さに大いに驚き、上司に対して江戸城に関する詳細な報告を書き送っていた。

カロンは報告書のなかで江戸城について、深い堀や強大な門、重い石からできた高い石垣について詳細に説明し、その巨大さを強調している。また、城の内外には防御のために迷路のような複雑な構造が施されていて、その構造を記憶することが不可能であるとしている。さらに、江戸城内にあった将軍の豪華な宮殿（本丸御殿）や大名たちの屋敷についても詳細に記述している。

その報告は一六四八年にオランダで『日本大王国志』という題で刊行され、英語やドイツ語に翻訳されたため、江戸城の巨大さは当時のヨーロッパ人のあいだでよく知られていた。また、日本に渡航したことのないオランダの冒険家ワウテル・スハウテンは『東インド紀行』（一六七六年刊）において、江戸城について「巨大で権力のある人口密度の高い町江戸において、日本の君主は、世俗的な豪華絢爛さですべてのヨーロッパの君主をも上回る、輝かしい宮廷を持っている」と賞賛している。

明暦の大火の十二年後にオランダで刊行された『オランダ東インド会社遣日使節紀行』（一六六九年刊）には江戸城図が掲載されている。この図には鯱《しゃちほこ》の付いている巨大な天守閣が見える。江戸城の天守閣は明暦の大火の後に再建されなかったので、この江戸城図は明暦の大火以前の情報が盛り込まれたものであることは明白である。この江戸城図は描画に長《た》けていたワーヘナールのスケッチをもとにしているのではないかと筆者は推測する。ワーヘナールはその日記のなかでも、謁見の際における江戸城の観察記録を掲載している。このような巨大な江戸城が火災によってあっけなく全滅するというのは、ワーヘナールにとって想像しがたいことだったようである。

将軍の蔵

ワーヘナールは、江戸城の壊滅について通詞たちから聞いた情報をさらに詳しく書き留めている。「このように、江戸城内にある将軍の御殿およびその周りのすべての建物が火によって完全に壊滅し、大きな灰の山と化した。したがって、本丸と二の丸に居住していて、当初破壊的な炎に時間を与えすぎてしまった人びとが皆その後に逃げ道を閉ざされたために命を落とさなければならなかったことは確かである。なぜなら、火は最終的に二つの主要な門に辿り着いて、それらを燃やしながら倒壊させたからである。つまり、そこに遅れて到着した人びとは必然的に戻って火に直面するか、あるいは助かる見込みもないまま二の丸と三の丸の外堀に飛び込み、溺れるしかなかった。そのなかには多くの高貴な女性や子どもがいた。この方たちはこの国の厳密な法に従って、主人の代わりに毎年人質としてそこに預けられている」。

この記述は、江戸城内で逃げ場を失った人びとの悲惨な状況と絶望を感傷的に描き出している。ワーヘナールは犠牲者のなかで、人質、つまり自分の意志に反してその場にいた高貴な人びとが多くいたと証言している。彼らの尊い命がこのような形で奪われたことはほんとうに惜しい。ワーヘナールはそう感じていたようである。

しかし、このような悲しい状況であるにもかかわらず、人びとの関心は将軍の蔵に集中していた。将軍の蔵は火に対しては、まったく役に立たず、この火災によって「もぐら塚」と化した。倒壊しなかったのは、たった二つの蔵だけだった。その残った二つの蔵は内部が銅板で覆われていた。そのうちの一つの蔵には沈香《じんこう》（香木の一つ）しか収納されていなかったが、もう一方の蔵には小判や琥珀《こはく》、真珠などの宝物がいっぱい詰まっていた。それらの宝物は家綱の先祖が代々収集してきたものだった。

ワーヘナールはこの話を役人から聞かされて、気を悪くした。「何千人もの人びとの命が失われたことよりもこのゴミの損失に関する嘆きの方を多く聞かされた」と彼はあきれて書いている。「ゴミ」とは「将軍の宝物」を指しており、この話をした役人とちがって、ワーヘナールにとって将軍の宝物は人の命と比較すると、まさしくゴミにしかみえなかった。

夜に響く子どものうめき声

一方、オランダ人の宿であった長崎屋の建物の状況はどうだったのだろうか。ワーヘナールは土蔵に納めていた会社の銀製品を心配していた。土蔵が崩壊した以上、オランダ人不在のところで泥棒に持ち去られる可能性があった。午後四時半頃にワーヘナールは、会社の銀製品を取り出せるかどうかを確かめるために数人の従者を連れて、焼失した長崎屋へ行かせてくれるようにと役人頭に頼んだ。しかし、役人頭はそれを拒んだ。「今はまだ早すぎて、町に出ることは危険すぎる。熱と煙は誰も寄せつけない。明日の朝まで待つべきであり、その時にじゅうぶんな従者を同行させる」と彼は助言した。ワーヘナールはその助言にしたがって、宿に留まった。

とかくするうちに、ワーヘナールは従者に夜の防寒用として毛布、着物と帷子《かたびら》を買いに行かせたが、泊まっていた貧民街には購入できるものはなかった。そこで、自分の荷物を前もって避難させていた通詞と役人が自分の古着をオランダ人に与えてくれた。

その夜ワーヘナールは落ち着かなかった。役人がオランダ人の泊まっている家の周りに警備を配置したが、ワーヘナールは不安だった。このような状況においては強盗が出現するのが常であると彼は考えていた。そのような強盗が家に入ったら、あるいはふたたび火事が起こったら、すぐに川の方面に逃げ出す準備を彼はしていた。

確かに『徳川実紀』においても、「火賊《かぞく》」が問題視され、幕府により「府内巡察して、火賊考察すべしと命ぜらる」と書かれている。また、明暦の大火について書かれた同時代の日本側史料『むさしあぶみ』の図にも刀や槍を持った盗賊が、避難している人から荷物を奪う様子が描かれている(図4左下)。なお、ワーヘナールの日記の別の箇所にも「通りは強盗や泥棒で溢れている」という記述が見られる。江戸時代にも当然ながら犯罪は存在していた。しかし、当時の史料を見るかぎり、日本では全般的に社会的な監視が厳しかった。また、奉行所の警備がついているオランダ人を襲撃するというような大胆な犯罪が起こることは考えにくいはずであった。

実際、そのような襲撃は起こらず、「避難する時に両親、子ども、妻や友人を失った人びとが彼らの名前を呼ぶ声がした。そして我々が泊まっている家の戸の前で、厳しい寒さのなか両親とともに横たわっていた多くの幼い子どもの哀れなうめき声が一晩中聞こえただけだった」とワーヘナールは記している。

江戸城崩壊は天罰だったのか

三月四日の朝にワーヘナールは「火が消えた」という知らせを受けた。しかし、この時、妙な噂が流れていた。「屋根の上に金で覆われている二つの巨大なイルカ〔鯱〕のある、江戸城の巨大な塔〔天守閣〕が昨日の昼前に、火事や地震あるいはほかの原因もなく、倒壊したと聞いた。これについては、さまざまな妙な憶測や予言がされた。両内城《ないじょう》〔本丸と二の丸〕の堀の近くの各角に立っていたほかのすべての塔〔櫓《やぐら》〕は貯蔵していた火薬によって爆発し、焼失した」。

このように、ワーヘナールは明暦の大火の直後に「さまざまな妙な憶測や予言」を聞かされた。どのような「憶測や予言」だったのかについては具体的に記されていないので確証はないが、江戸城崩壊に関する「塔は貯蔵していた火薬によって爆発し」たという記述の内容から類推すると、ワーヘナールの周りにいた役人たちは幕府の火薬庫の爆発を企てた六年前の由井正雪《ゆいしょうせつ》の乱をすぐさま連想したのかもしれない。由井正雪派の残党が、乱の鎮圧に対する報復として放火に及んだという憶測が出回っていたとしても不思議ではない。少なくとも、『徳川実紀』には、反逆者たちによる放火説に関する記述が見られる。

そして、混乱を利用した襲撃や暗殺のような何らかの事件が以後も起こりうると考えた役人たちがワーヘナールに憶測を語ったのかもしれない。しかし、その後にそのような暗殺や襲撃が起こったという事実もないので、憶測には根拠がなかったようである。

明暦の大火について、当時さまざまな陰謀説が出回っていたようである。もっとも有名な陰謀説は、江戸の抜本的な都市改造を進めるための幕府による放火説だった。しかし、幕府自体が大きな被害を受けているので、信憑性は低い。ワーヘナールの日記には幕府による放火説への言及はないが、通詞たちが主張した、もっと妙な説についての記述がある。ワーヘナールは次のように書いている。

「この説明のできない破壊が自然の火によって引き起こされることはあり得ず、権力者への罰として天から江戸に落ちた超自然的な炎によるものであると通詞たちが強く主張している。彼らはそれを、カスティゴ・デ・シエロ、つまり天罰と呼んでいる」。

「カスティゴ・デ・シエロ」はスペイン語である。「カスティゴ」は「罰」、「デ」は「の」、そして「シエロ」は「天」を意味する。語順は日本語と逆である。江戸初期の通詞たちはもともとポルトガル語の通詞であって、十七世紀中頃まで主にポルトガル語やスペイン語に精通していた。彼らがイベリア諸国の言語から脱却して、オランダ語を習得するのには時間がかかった。したがって、ワーヘナールに対して「天罰」と言うときに、慣れ親しんだスペイン語で表現したことは不思議ではない。明暦の大火があまりにも凄まじくて、江戸城でさえ崩壊したので、当時の人びとのなかには天罰にちがいないと考える向きもあったようである。

江戸の悲惨な姿

三月四日の朝八時にワーヘナールは商館員フェルスヒューレン、役人一人、通詞・西新吉、宿主・源右衛門および二十人の従者とともに長崎屋の焼け跡へ向かった。最初のうちは、倒壊をまぬがれた家々が両側に建ち並ぶ道を通っていたが、あちらこちらの地面に男女の死体が散乱していた。避難する際に馬の下敷きになった、あるいは寒さのために亡くなったのではないかとワーヘナールは考えた。

その後、一行が辿り着いた焼失した地区には、あちらこちらで三人、四人、五人とひと塊になった死体がみられた。さらに進むにつれて、その数はどんどん増えて、死体の山に遭遇するようになった。そして最終的に数えきれないほどの数の焼死体を見ることになった。そのうちの三分の一は子どものものであったという。これらの死体は互いに重なった形で散乱していた。ワーヘナールはその光景を見て立ちすくんだ。

さらに進むと、ワーヘナールの目の前に広がっていたのは大きな荒野だった。ほんの二日前には美しい町として存在していたものが、消えてしまった。江戸城も、その前日にワーヘナールが聞いていたとおり、すべての美しい建物が消滅し、外側の城壁だけが残り、内側には煙のくすぶっている焼け跡しか残っていなかった。

ワーヘナール一行が長崎屋の焼け跡に辿り着いた時には、瓦礫《がれき》からまだ煙が立っている状態だったので、そこに残していた会社の所有物は探せなかった。ワーヘナールたちはまず近くの井戸から水を汲んできて、煙を消した。その後、従者たちが瓦礫のなかで焼け残った物を探し出したが、樽〔の箍《たが》〕や南京錠などの鉄くずしか見当たらなかった。

人手が足りないと考えた役人は、ワーヘナールの乗り物を運んで来た駕籠屋たちにも作業を手伝うように頼み、銀の一部を見つけた場合、彼らに適切な報酬を与えると約束した。一方、ワーヘナールたちだけは宿泊先へ戻った。

一行は往路と違う道を通って帰る途中、生き残った人びとが焼死体のなかに身内を探しているあまりにも悲しい光景に出くわし、これを見たワーヘナールはひどく心を痛めた。「どちらの側を向いても、至るところに死体が散乱していた。十歩ないし十二歩進むや否や、一人、二人の老人、子どもあるいは馬が屍《しかばね》となって一緒に横たわっている」とワーヘナールは記録している。

この記述からは、明暦の大火の被害者のうち、「老人や子ども」がひじょうに多かったことがわかる。やはり、高齢者や年少者は成年の男女ほど体力がなく、どうしても逃げ遅れてしまう。非常事態に際してこのような弱者には特別な助けが必要であることを、ワーヘナールの書き残した明暦の大火の記録が教えてくれている。

ワーヘナールと一緒にいた日本人は「このような恐ろしい火災、そしてこれだけの人命の損失を経験したこともないし、聞いたこともない」と話していた。彼らによると、死者は十万人を越えていた。ワーヘナールはその数字を日記に記録しているが、その真偽についてよくわからないと書いている。また、「我々が通った道や畑で横たわっていた死者だけを数えたのならば、その数字は三千人に近かっただろう」とつけ足している。

浅草門の惨状

ワーヘナール一行は日本橋から東浅草方面に戻る途中、浅草門の焼け跡を通った。そこで見た惨状についてワーヘナールは、次のとおりに書いている。

「我々は要塞のように造られた石垣のある場所に辿り着いた。この要塞は町への入り口

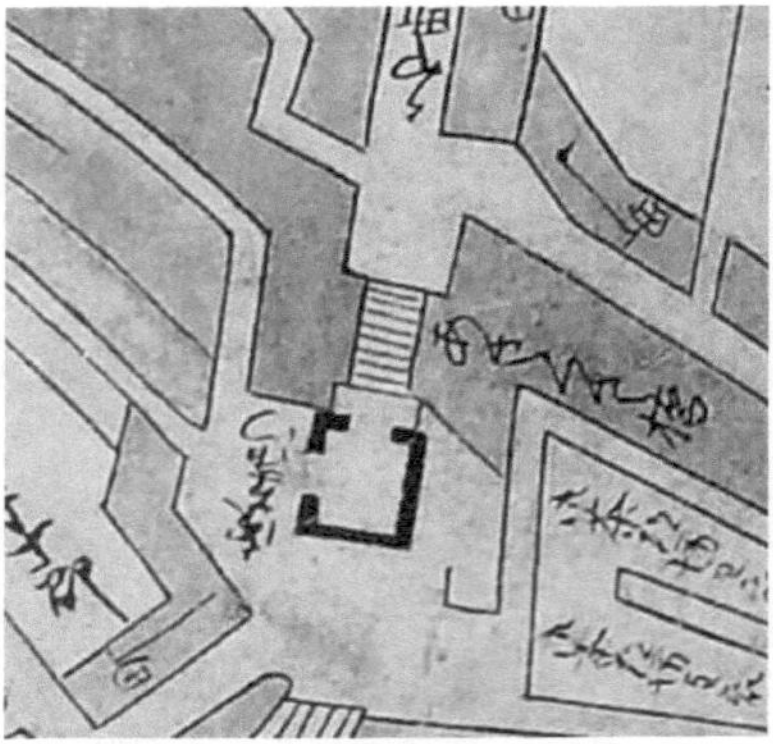

図7　「明暦江戸大絵図」に描かれた浅草門（三井文庫所蔵）

として機能し、〔その門を〕閉鎖することが可能だった。そこで七百から八百以上の死体を見た。その要塞に逃げ込んだ一般の人びとのほとんどは、そこからふたたび出ることができなかった。というのも、〔牢屋から出た〕囚人たちがそのなかに入り、その後に彼らの後ろの門が閉鎖されたからである。そして彼ら〔一般の人びと〕は囚人たちと一緒に窒息し、焼け死んだ」。

　この記述における「要塞」とは浅草門を指している。「明暦江戸大絵図」（図2）で確かめると、浅草門は隅田川に合流する直前の神田川の上に架かっていた浅草橋のすぐ南に位置していた門である。江戸の町中の重要な橋の各所にこのような頑丈な門が築かれていた。浅草橋は、江戸の中心部から神田川を越えて、東北へ向かう奥州街道に繋がっている地点にある。つまり、東北方面に通じる江戸の出入り口だった。

　もう一度、前述の「明暦江戸大絵図」（図7）を見ると、浅草門は一つの門ではなく、内

図8　浅草門図（『むさしあぶみ』国立国会図書館所蔵）

部に大きな広場があって、出入り口として二つの門のある四角い建造物だった。江戸の中心部から通る場合、西側の門を通って、広場に入る。次に北の門を通れば、浅草橋に出る。この浅草門から西南方向へ少し離れたところに位置する日本橋小伝馬町には牢屋があった。火が迫ってきた時に、牢屋奉行であった石出《いしで》帯刀《たてわき》は、三日後に戻って来ることを約束させたうえで、囚人たちを一時解放した。解放された囚人たちは牢屋から浅草門へ向けて逃げて行った。

ところが、囚人が牢屋から脱走したのだと勘違いした浅草門の番人は、建物の両門を閉鎖してしまった。この措置により、囚人たちは浅草門の内部の広場に閉じ込められ、身動きが取れなくなった。しかし、浅草門は上述のとおり、江戸の出入り口の一つであったため、避難にあたって、囚人たちだけでなく、大勢の一般民衆もそこに駆け込んだ。結局、彼ら囚人と一般民衆はともに逃げ場を失い、炎の餌食《えじき》となった。

浅草門でこのような窮地に立った人びとはどのような行動を取ったのだろうか。ワーヘナールは次のように記録している。「炎から逃れようとしていた人びとは〔石垣の〕上から飛び降りて死んだ。そのなかに我々の料理人長兵衛も含まれ、ここで発見された」。

つまり、浅草門の建物の内部で閉じ込められていた人びとのなかには、浅草門の石垣をよじ登った人も少なくなかったようである。このワーヘナールの記述は、同時代の日本側史料『むさしあぶみ』における記述と一致している。『むさしあぶみ』には、浅草門の石垣から飛び降りる人びとの姿を描く図版が挿入されている（図8）。

この図版を見るかぎりでは、浅草門の石垣の高さはさほど高くない。石垣の上から神田川に飛び降りても助かる可能性はじゅうぶんあったのかもしれない。実際に『むさしあぶみ』の図版では神田川を泳いで、北岸に辿り着く人の姿も見受けられる。しかし、飛び降りた時に石垣や水面にぶつかって、大けがを負った人びとも大勢いたはずである。また、すでに川のなかにいた人びとに、つぎつぎと飛び込んでくる後続の人びとが直撃して、それによって二次災害的に命を落とした者も少なくなかったと思われる。

ここで注目したいのは、「そこで七百から八百以上の死体を見た」というワーヘナールによる死者数についての記録である。『むさしあぶみ』では、明暦の大火の死者数が十万二千百余人、そして浅草門での死者数が二万三千余人であると明記されている。これはワーヘナールの記している「七百から八百以上」という数と大きな隔たりがある。また、ワーヘナールの日記では、浅草から日本橋に至るまでの道で見た死体の数が三千人程度であると記されている。こうしたワーヘナールの日記における死者数に関する情報を勘案すると、明暦の大火の死者数がひじょうに多かったことには疑いがないとしても、十万人よりもはるかに少なかった可能性があると推測される。江戸災害史研究家の黒木喬は『明暦の大火』で死者数を五万〜六万人と推定している。日本側とオランダ側双方の内容を合わせ鑑みると、妥当な数字であると考える。

ワーヘナール一行は正午少し前に宿泊先に戻った。ワーヘナールは人込みや屍が横たわるぞっとするような光景とそこから放たれる悪臭にふらふらしながらも、宿泊先に戻ってから、その日に見てきた損失の大きさを整理しようとした。彼にとって、その日に見た光景は信じがたいものであった。この類のない火災の原因について、「ある人は、当地でよく起こる不注意のせいであると言い、ほかの人は複数の箇所で意図的に放火されたものであると主張する」とワーヘナールは記している。

ワーヘナールは諸説ある火災の原因について、いずれが正しいのかはわからないとしている。しかし、原因がどうであれ、ワーヘナールは、命が助かり、安全な場所に辿り着いたことで、神に対する感謝の気持ちでいっぱいになった。もしも、あの夜にあの木戸をよじ登っていなければ、自分たちも、ほかの一般民衆とともに浅草門に逃げ込み、あの哀れな避難民とともに死んでいただろうと考えると、ワーヘナールはぞっとする思いになった。

源右衛門への援助

昼食後に気を取り直したワーヘナールは、通詞たちを長崎奉行の黒川与兵衛のところへ派遣し、小田原に向けて出発してもよいかどうかを尋ねさせた。与兵衛は三日後に出発してもよいと返事した。そして、彼はオランダ人を大事にしている印として、通詞・八左衛門を通じて、お米二俵および味噌一樽を送ってくれた。米価の高騰を気にしていたワーヘナールはそれらを有難く受け取った。

五日早朝に雨が降った。寒さも和らいだ。その日の午後にワーヘナールは源右衛門と経費の精算をした。ワーヘナールは、十五日分の宿泊代、飲食費、土蔵の賃料、運搬人や馬代などとして源右衛門に一五〇匁《もんめ》を渡した。現代のお金に換算すると、約三〇万円である（本書では日本銀行金融研究所貨幣博物館ウェブサイトにしたがって、江戸初期の銀一匁を二〇〇〇円で計算する)。ワーヘナールにとっては、それは実際の経費よりも高く見積もって上乗せした金額であった。しかし、役人と通詞たちは、長崎屋の再建のために三〇〇〇～四〇〇〇匁(約六〇〇万～八〇〇万円)を渡すように請願した。

なぜなら、この火災で源右衛門はすべてを失ったからである。もしも、源右衛門がワーヘナールから援助金をもらえば、次の年に、オランダ人にきちんとした宿泊先を用意することができる。しかし、ワーヘナールにはそれが不当な要求に思えた。そこで、もしも、源右衛門の助言にしたがわずに、会社の所有物を土蔵に入れていなければ、損をせずに済んだかもしれないと彼は反論した。

ワーヘナールの反論にも屈せず、通詞たちはその後も源右衛門のために弁解を続けた。二年前に長崎屋が焼失した時にも土蔵は焼けなかった。その前例があったので、今回も土蔵が安全であると源右衛門は考えていた。オランダ東インド会社はじゅうぶん利益を出しているので、すべてを失った源右衛門が生計を立て直せるようにオランダ東インド会社が援助してしかるべきだと彼らは主張していた。

さらに、源右衛門への援助は、両長崎奉行や井上政重にとって「賞賛すべき行為として受け止められるはずである」と彼らは力説した。ワーヘナールはとうとう折れて、長崎屋の土蔵の焼け跡から発見された溶けた銀・銅・錫および手許にあった二点の織物を源右衛門に渡すことにした。それらは全部で七〇〇〜八〇〇匁（約一四〇万〜一六〇万円）の価値があった。「源右衛門はそれに感謝を示しながら受け取ったが、彼があまり喜んでいなかったのが目に見えた」とワーヘナールは書いている。

その後も通詞たちは源右衛門を援助するように頼んだが、ワーヘナールも後継者のブヘリヨンもそれ以上のお金は出さなかった。二年前に長崎屋が焼失した時にもオランダ商館長は再建のために二〇〇〇匁（約四〇〇万円）を源右衛門に渡していた。頻繁に災害に遭う長崎屋の再建のためにほぼ毎年のように援助金を提供することは、オランダ人にとって会社の資金を底なし沼に投入するように思えたのだろう。

粥の施行

夕方にワーヘナールは大目付・井上政重からの書状を受け取った。政重の二軒の壮麗な屋敷は両方とも焼失したという。政重は書状のなかで、会社が損害を被ったことに同情しながら、オランダ人がみな無事だったことについて大きな喜びを綴った。ワーヘナールはお礼の書状を送り返した。

その二時間後に政重からもう一通の書状が届いた。食糧の値段が高騰し、ほとんど入手不能になっているので、家綱がオランダ人のために特別に毎日五十人分の食糧を与えると書かれていた。それを読んだ役人と通詞たちは大いに喜んだ。彼らにとって、このような惨めな状況のなかで、将軍がオランダ人に対してそのような思いやりを示してくれたことは、このうえない名誉だった。ワーヘナールは通詞・八左衛門に頼んで、この政重の書状に対して恐悦至極の気持ちを表す礼状を作成してもらった。

その日の真夜中にワーヘナールは恐ろしい騒ぎと呼び声で目が覚めた。慌てて外を見ると、通りに押し寄せてくる大勢の人びとの姿が見えた。彼らは「この界隈にも火事が起こっている」と叫んでいた。しかし、火事がどこから近づいてくるのかを見極めようとしているうちに、彼らが月の真っ赤な光を火事と勘違いしているだけとわかった。明暦の大火は、このように、江戸の住民の心に火事に対する深い恐怖心を植えつけたようである。

翌日の六日朝にオランダ人は慈悲深い行為を目の当たりにした。「二人の男性が、煮た温かいお米の入った樽を持って来て、四日間も雨と寒さのなかで我々の宿泊先の前に横たわっていた哀れな人びとに配給していた。これらの飢えた人びと、特に子どもたちがそれをがつがつ食べ始め、口いっぱいほおばって飲み込むのを見て、感動せずにいられなかった」とワーヘナールは記録している。

このときオランダ人が目にしたのは、おそらく幕府がその前日、旧暦一月二十一日から実施していた粥施行《かゆせぎょう》と思われる。粥施行は幕府が飢饉や災害時に困窮民や被災者の飢えを防ぐために臨時におこなっていた救済措置であった。各藩でも必要に応じておこなわれていた。幕府は、明暦の大火が鎮まった翌日に江戸六ヵ所で粥を煮て、被災者に配給するように命じた。日本橋より南は内藤忠興《ないとうただおき》と石川憲之《いしかわのりゆき》が、北は六郷政晴《ろくごうまさはる》と松浦鎮信が担当して実施した（『徳川実紀』）。鎮信は四日前にオランダ人を屋敷に入れるべきかどうかについて悩んでいた平戸藩主である。米は浅草の米蔵より毎日千俵ずつ供出された。粥施行は翌月二日まで毎日おこなわれ、その後十二日まで隔日で続けられた。

当時のオランダ人は幕府による粥施行をどう思っていたのだろうか。十七世紀のオランダは福祉大国であった。各都市が福祉事業において互いに激しく競争して、より立派な病院や孤児院、老人ホームを建てていた。これらの建物の建設費用は都市の財政ではなく、裕福な市民の寄付金で賄われていた。

貧民のための建物もオランダ各地にあり、各都市や村々で毎週食糧や現金がそれを必要とする人びとに配られていた。大火や洪水などの災害に際しても、被災者を支援するために大規模な寄付収集活動が全国でみられた。このような福祉事業はキリスト教的精神のもとにおこなわれていたので、「異教徒」にも、そのような思いやりの心があることにワーヘナールは驚いたのだった。

一定期間続けられた幕府による粥施行や米価の安定化政策は、多くの尊い命を救った。

江戸を去る

その日の夕方に通詞の八左衛門は長崎奉行・黒川与兵衛のところから戻って来て、次の伝言をもたらした。「以前に思っていたほど道は危険ではないので、できるだけ早く出発したほうがよい。江戸で入手できない必要なものは道中の市場で入手できるだろう。しかし、持参している現金は箱に入れないで、皆で分配して各々が身体につけて運ぶべきである。また、服装についても派手なものは避けて、できるだけみすぼらしげに見えるものにするように」。

ワーヘナールにとって、この与兵衛の助言の最後の部分はおかしくてたまらなかった。「我々が派手な服装をすることを火事がすでにじゅうぶんに妨げているのは与兵衛が一番知っているはずだ」と日記に皮肉を込めた表現で綴っている。

三月七日にオランダ人は江戸を出発するために馬を借りた。しかし、その日は暴風雨に見舞われた。次の日も暴風雨が続き、オランダ人の宿泊先は、倒壊するのではないかとワーヘナールが恐れるほど激しく揺れ動いた。雨が上がると、厳しい寒波が来て、オランダ人の宿泊先の前で寒さをしのがなければならない避難民にはかなりこたえたようである。

江戸のほとんどの橋が焼失したため、オランダ人は馬上で隅田川に沿って南に下って江

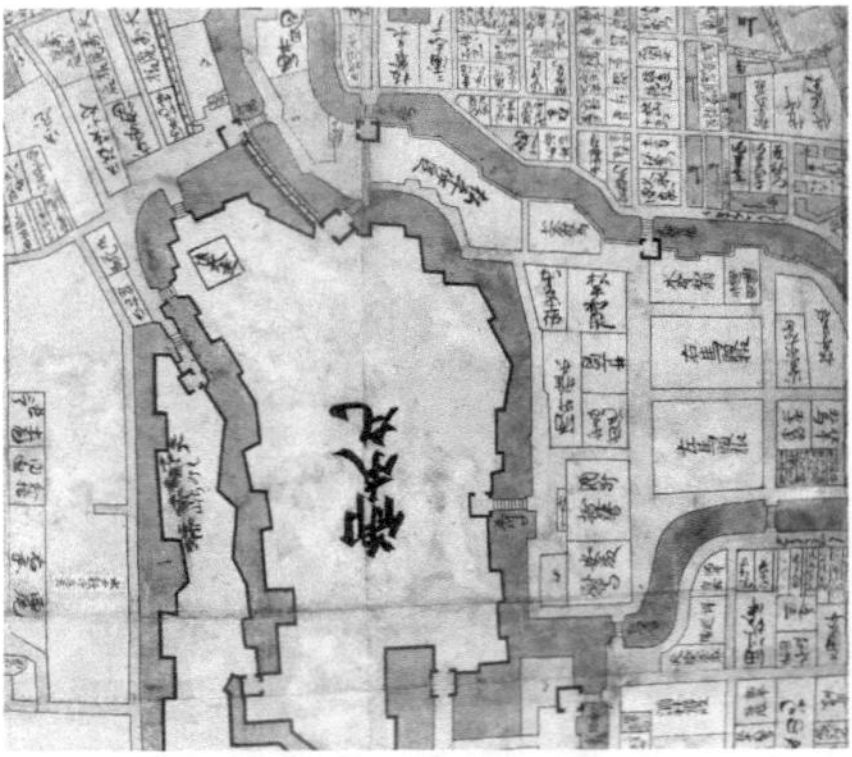

図9　「明暦江戸大絵図」に描かれた大炊殿橋と老中屋敷（三井文庫所蔵）

戸から出ようと考えた。しかし、瓦礫などの障害物のため、その道は遮断されていた。江戸から出る別の道を探す必要があった。九日は天気もようやくもちなおした。オランダ人は役人に導かれて北方面に向かった。ワーヘナールは自分たちの出立について次のとおりに記し、その失望を伝えている。

「我々の出発はひじょうに惨めなものだった。というのは、我々の江戸への到着はオランダ国家およびオランダ東インド会社に相応しい豪華な服装をまとった壮麗なものであったのに対して、今の我々の江戸からの出発は質素な服装をまとった、みっともないものである」。

ワーヘナール一行は、焼失した家々の瓦礫で塞がっている通りを避けて進み、江戸城の北側に辿り着いた。そこで橋を渡り、江戸城内に入った。江戸城に繋がる橋は焼けていたのだが、応急処置として補修材を使って仮復旧していた。

ワーヘナール一行がこの時渡った橋の具体的な名称は明記されていない。どの橋かを特定するために、ふたたび「明暦江戸大絵図」で確認してみよう（図9）。ワーヘナールは橋を渡ってから幕府高官の屋敷が置かれた地区を通ったと記している。「明暦江戸大絵図」を見ると、江戸城の東北側に老中・松平信綱《まつだいらのぶつな》や酒井忠清《さかいただきよ》、土屋数直《つちやかずなお》、寺社奉行の井上正利《いのうえまさとし》などの屋敷が建ち並んでいたことがわかる。そして、その幕府高官屋敷の区域に繋がる北側の橋が大炊殿橋《おおいどの》である。それ以前に、橋のすぐ近くに土井大炊頭《どいおおいのかみ》の屋敷があったため、当時大炊殿橋と呼ばれていたようであるが、その後、「神田橋」という名称に変わった。ワーヘナールが江戸城内に入るにあたって、この神田橋を渡った可能性が高い。

ワーヘナールの日記によると、江戸城内にあったこれらの幕府高官の屋敷はこの明暦の大火によってことごとく破壊された。この破壊の規模にワーヘナールはとても驚いた。しかし、さらに驚いたのは、江戸城内にあったすべての橋までもが焼失したということだった。「大火は、大きな擬宝珠《ぎぼうしゅ》〔欄干の柱の上に設けられている金属の飾り〕で飾られた精巧で華麗な木製の橋すべてを水に浸かっている部分に至るまで焼失させた」とワーヘナールは記録している。

このように大火の時には、木製の橋は決して安全ではなかった。『むさしあぶみ』にも橋が燃える様子を描いた図版が掲載されている（図10）。京橋を描いた図版に描き込まれて

図10　京橋図（『むさしあぶみ』国立国会図書館所蔵）

いる炎と人びとの様子に注目すると、炎が橋の下から両側を挟むように燃え上がっていることがわかる。橋の上にいる人びとは炎に囲まれて、逃げ場を失っている。かろうじて炎の隙間から川に飛び込む人びとの姿も見える。

ワーヘナールの日記によると、二の丸と三の丸を囲む石垣の各角に築かれていた壮麗な櫓も、石垣の上の漆喰の塗られた塀も焼失し、その下の堀に崩れ落ちていた。さらに、ワーヘナールは倒壊した二つの門も目の当たりにし、大いに驚いている。分厚い銅板に覆われたこれらの頑丈で重厚な門が両側の石垣から引き剝がされ、半焼した状態で金具や閂《かんぬき》とともに地面に散乱していたという。

それらの門を通った際にワーヘナールは門の両側に積まれていた石垣をじっくりと観察した。「ある隅石は六十人以上の人でも動かしたり、引き上げたりすることはできない。その内、いくつかの隅石のひび割れや破損を石垣のなかに見た」とワーヘナールは記録している。また、天守閣については、次のように記している。「将軍の御殿の後ろ側の三の丸にあった、小判で覆われていたイルカ〔金の鯱〕のある美しい塔〔天守閣〕は見えなかった。そのことが、（日本人が信じ込ませようとしているように）何の原因もなく、あるいは火の力で倒壊した証である」。

江戸城の天守閣の鯱をワーヘナールが「イルカ」と表現しているのは面白い。鯱はもともと中国から伝来していると考えられる。漢字を構成する左右の部首が示しているように、魚の形をした身体に虎の頭部が付いている。皮肉にも鯱は火除けの守り神としての意味があった。

とにもかくにも、江戸城の被害は凄かった。ワーヘナールはその再建に二十年かかるのではないかと書いている。

江戸城を出たワーヘナール一行は焼失した江戸の西部を通って、東海道に入った。そこで大勢の農民に遭遇したが、茣蓙《ござ》、縄、棰《たるき》、藺草《いぐさ》、竹材を馬や牛に載せて運んでいた。江戸で売るためだった。あまりにも多くの人びととの往来で混雑していたため、ワーヘナールたちはなかなか進むことができなかった。

火災に敏感な長崎奉行

長崎への帰路は雪に阻まれながらも、なんとか順調に進んだ。京都の宿屋の主人はオランダ人の到着に安堵した。というのも、明暦の大火で三、四人のオランダ人が死んだとの噂が広がっていたからである。オランダ人と取引のあった京都の漆職人や商人たちもオランダ人の宿を訪ねて来た。彼らもまたオランダ人の安否を気にしていたので、その噂が誤りであったことを大いに喜んでいた。

ワーヘナールは四月七日に長崎に戻った。帰崎後、彼が最初に取り組んだのは、彼の不在中に長崎で起こったことについて把握することだった。そのためにワーヘナールが参考にしたのは、出島に残った商館員ウットヘンスがつけていた日記であった。ウットヘンスの日記は現存していないが、ワーヘナールはそのなかの記述をまとめて、自分の日記に転載している。

それによると、ワーヘナールが江戸へ旅立った後に、長崎奉行・甲斐庄喜右衛門がオランダ商館に役人を派遣して、火と灯りを毎晩きちんと消すよう用心することの重要性についてウットヘンスに深く認識するよう促していたという。この記述に対して、「奉行は江戸の大火の煙〔の臭い〕を事前に当地長崎で嗅ぎつけたかのようである」とワーヘナールはコメントを添えている。

確かに明暦の大火前後の時期に火事はひじょうに多かった。また、江戸から火事を知らせる便りが絶え間なくつぎつぎと長崎にも届いていた。実際にウットヘンスの日記にも、長崎に届いた噂にもとづいて記された明暦の大火に関する詳細な報告が含まれていたようである。このように火事が頻発するなかで長崎奉行が相当神経質になっていたのももっともな反応である。

長崎に戻ったワーヘナールにとっては、次に寄港するオランダ船を待つのみの日々となった。六月二十九日以降、台湾やカンボジア、シャム（現・タイ王国）、バタフィアから出帆したオランダ船がつぎつぎと長崎に到着し、その積荷が陸揚げされた。そして、八月二十日にワーヘナールと交代する新任商館長ブヘリヨンを乗せたオランダ船が到着した。

第二章　商館長ブヘリヨンがもたらした消火ポンプ

新任商館長ブヘリヨン

ワーヘナールの後任として長崎オランダ商館長に就任することになるブヘリヨンは、どのような経歴を辿ったのか。彼は一六四一年に東インド会社の職員としてアジアへ赴任したオランダ人であった。しばらくバタフィアで勤務した後に、一六四四年にはじめての長崎への赴任となった。この時は商館長としてではなく、助手として赴任し、そのまま十年間出島に留まった。勤勉に職務を遂行したブヘリヨンは、一六四七年に下級商務員に、一六五一年には上級商務員に昇進した。

ブヘリヨンは、一六五四年に一度バタフィアに戻った後、一六五五年に今度は商館長として長崎にふたたび来航した。翌年に日本に渡航したワーヘナールと交代し、もう一度バタフィアに戻った後、翌々年に二度目の長崎オランダ商館長就任となった。

一六五九年からの三度目の商館長としての勤務を終えた後、一六六一年にオランダへ戻った。ワーヘナールはバタフィアでの勤務期間が長かったのに対して、ブヘリヨンの場合は、東インド会社における全経歴を通じて長崎オランダ商館での勤務が中心だった。

話を一六五七年の明暦の大火の直後に戻す。ブヘリヨンはこの年、ワーヘナールの後任として長崎に赴任した。しかし、ブヘリヨンが新任の商館長として長崎に到着しても、前任のワーヘナールが長崎にいるあいだは、ワーヘナールの補佐として働くことになる。八月から十月にかけて、ワーヘナールの指揮の下で船荷の積み降ろしや貿易業務がおこなわれた。この年、オランダ船は生糸、毛織物、鹿皮、鮫皮、砂糖などを舶載した。その対価として、日本側は丁銀《ちょうぎん》、銅、穀物などで支払った。

十月二十七日にすべての貿易業務が終了し、船への荷積み作業も完了したので、ワーヘナールは出国の準備に取りかかった。彼は会社の書類をブヘリヨンに引き渡した。これで引き継ぎも完了し、ブヘリヨンは実質的に新商館長となった。この日の九時半にワーヘナールとブヘリヨンは与兵衛・喜右衛門両奉行に挨拶に赴き、その後、十一時にワーヘナールはオランダ船アンジェリール号に乗り込み、バタフィアに向けて出帆した。

ワーヘナールが去った日の夕方に両奉行の家老が商館を訪れ、習慣に従って、ブヘリヨンに火の用心をするように注意を促した。

十七世紀オランダで改良された消火ポンプ

ところで、江戸時代にはどのような消火活動がおこなわれたのだろうか。一般的な消火方法の一つは桶で水を火にかけることだった。しかしながら、火事が大きくなるほどこの方法はあまり有効ではなかった。もう一つの一般的な方法は延焼を防ぐために鳶口で火元の周辺の建物を破壊することだった。この方法は火を食い止めるのに一理あったとしても、その効果も限定的だった。

大目付・井上政重は火事の被害を最小限に抑える、もっと有効な方法を探し求めていた。明暦の大火の数年前にオランダ人と談話するなかで、オランダで消火ポンプが使われていることを耳にしていた政重は、早速一基を注文した。

十七世紀初期のオランダにおける火災の状況は日本のそれとそう変わらなかった。日本と同様に、桶と鳶口のような破壊道具が火を食い止めるためにもっともよく利用された道具だった。唯一異なる点は、この時期のオランダでは、火災の被害を最小限に留めるために家屋建材を木材からレンガに替えたことである。それでも、消火のための有効な手段がなく、日本と同様に町の大部分が破壊されるような火事もたびたび起こっていた。

消火のための有効な手段として当時考えられていたのが、十六世紀にスイスで開発された消火ポンプだった。十七世紀に入ると、オランダで改良された消火ポンプに関する特許がつぎつぎと出された。それほど消火ポンプの活躍に期待がかけられていた。

これらの消火ポンプはどのような原理で動いていたのだろうか。複数の種類が開発されたが、原理はだいたい同じようなものだった。一六一四年にライプツィヒで刊行されたハインリッヒ・ザイシングの『機械劇場』から転載した図版にみえる消火ポンプは、当時よく利用された種類のものである（図11）。

図版ではポンプの部分が大きな水槽のなかに設置されているのが見える。水がなくなる都度、水槽に水を足し加える必要があった。池の水を直接汲み上げる機械も開発されたが、桶を使って水を補給する方法が一般的だった。数名がかりで左右の腕木を交互に上げ下げすると、その圧力で上部に取り付けられた管を通じて水を数メートル飛ばすことがで

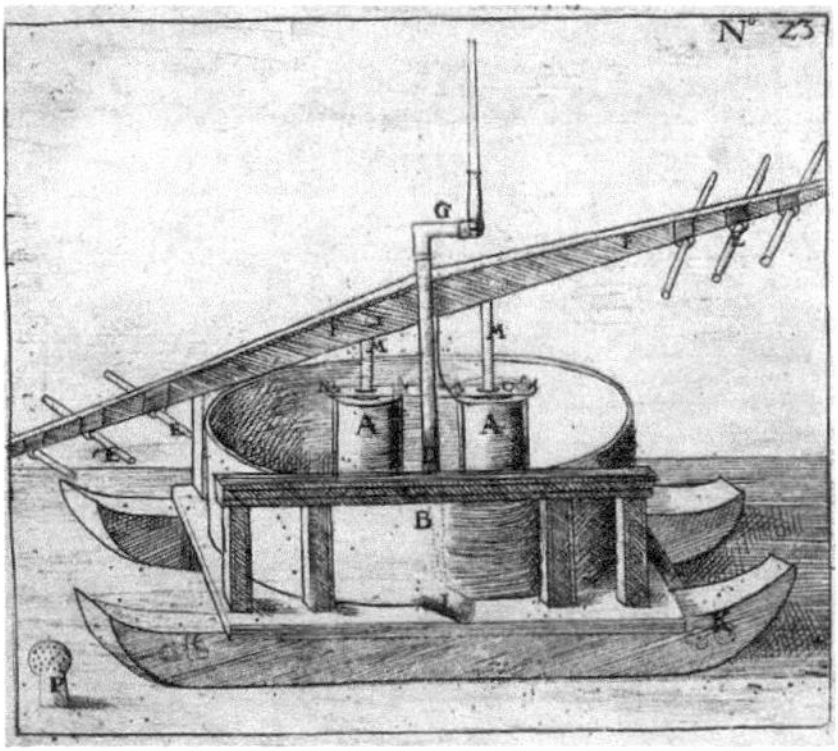

（上）図11　消火ポンプ図（ハインリッヒ・ザイシング『機械劇場』1614年刊、アウグスト公立図書館所蔵）

（下）図12　活動中の消火ポンプ図（ハインリッヒ・ザイシング『機械劇場』1614年刊、アウグスト公立図書館所蔵）

きた。

図12には実際に消火ポンプを使用している場面が見られる。消火ポンプを火の近くに寄せないと水が届かないことがこの図版からわかる。消火ポンプ自体が重くて、機動的に動かすことが難しかったので、その利用は限定的であった。

前述のとおり、江戸で絶えず起こる火災への対策を切望していた政重は、明暦の大火の数年前にオランダ製の消火ポンプ一基を注文していた。彼は首を長くしてその到着を待った。ワーヘナールの前任商館長ブヘリヨンが一六五五年に長崎に到着した時も政重はすぐさま通詞を長崎に派遣して、消火ポンプを持って来たかどうかを尋ねさせた。しかし、ブヘリヨンがバタフィアから出発した時点で消火ポンプは壊れていて、修理できる人が病気であったため、それを日本へ運ぶことを断念したという。しかし、ワーヘナールが到着した翌年も消火ポンプは積荷に含まれていなかった。

消火ポンプはワーヘナールの後継商館長として再任されたブヘリヨンを乗せた船でようやく一六五七年の秋に日本に届けられた。この便りを聞いた両奉行、甲斐庄喜右衛門とすでに江戸から長崎に戻っていた黒川与兵衛は、十月一日に大勢の伴の者を連れて早速出島オランダ商館を訪れた。彼らは、大目付が長年待ち望み、ようやく日本に到着した消火ポンプの操作実演をぜひ一目見たがったのであった。実演は成功し、彼らは満足して商館を後にした。

江戸の復興

ブヘリヨンは、江戸参府にあたっての綿密な準備を終えた十二月三十日に消火ポンプを携えて江戸に向けて出発した。江戸に到着したのは一六五八年二月五日だった。

ワーヘナールは江戸の再建に二十年間はかかると書いていたが、ブヘリヨンが江戸に到着した時には復興がだいぶ進んでいた。ブヘリヨンの日記によると、主要な通りに面している建物はすでに再建されていた。オランダ人の定宿だった長崎屋も部分的に再建されていた。しかし、その建物の造りは少し粗末なものだったとブヘリヨンは指摘している。

長崎屋の再建資金として将軍・家綱から与えられた下賜金が利用された。ブヘリヨンの記録によると、各家屋は間口の間数に応じて将軍から下賜金が支給された。長崎屋の場合は三五〇〇匁（現代のお金に換算すると、約七〇〇〇万円）が与えられたという。「〔焼失した〕家屋の数の多さから積算すると、信じられないほどの金額に上る」とブヘリヨンは驚きを示している。

『武江《ぶこう》年表』によると、焼失した町屋に対する下賜金の支給額は間口一間（一八二センチ）当たり金三両一分と銀六匁八分であった。匁に換算すると、一間当たり一六九匁三分（約三四万円）になる。これだけの額の下賜金の支給は、江戸の復興を大いに後押ししたはずである。

ブへリヨンの江戸到着の知らせを聞いた政重は、すぐに消火ポンプを受け取るために通詞を派遣した。消火ポンプはまだ梱包されたままであったので、オランダ人たちがすぐに梱包を解き、消火ポンプの組み立てをはじめたが、すでに夕方になっていた。組み立てが完了するまでにかなり時間がかかると見た通詞は、主要な部品だけを持ち帰り、翌日の朝に残りの部品を取りに来た。

政重が、早く消火ポンプを組み立ててもらい、利用方法の説明を受けることを強く望んでいたので、ブへリヨンは、操作方法を熟知していた助手のニコラス・デ・ローイを派遣した。デ・ローイは午後に長崎屋に戻り、ブへリヨンに午前中のことを報告した。その報告によると、デ・ローイは機械を組み立てて、政重の屋敷の庭で実演した。消火ポンプの放水実演を見た政重はその機能に大いに驚き、江戸で特に必要とされる機械として高く評価した。

その二日後に政重は、ワーヘナールの時と同様に、将軍への献上品を自分の屋敷に運ぶようブへリヨンに指示を出した。政重の屋敷にあった土蔵には地下室が設けられていた。献上品をその地下室に保管したほうが防火対策が不十分な長崎屋よりも安全であると政重は判断したのである。

十二日朝に政重はふたたびデ・ローイと外科医を呼び出した。デ・ローイは政重の面前で消火ポンプを調整して、放水管の操作方法を説明しながら実演した。実演終了後、政重は、自分が戻ってくるまで屋敷で待っているようにとオランダ人に言い残し、江戸城に赴いた。

一方、オランダ人のほうは、消火ポンプの操作方法についての質問がすべて解決され、それ以上政重の屋敷に残っても何もすることがなかった。この時天気が一変し、空が急に暗くなり、強い風が吹きはじめた。通詞・志筑孫兵衛《しづきまごべえ》から、このような状況では火事が起きやすいとの忠告を受けていたため、オランダ人は政重の家臣にいとまを告げ、大急ぎで宿に帰った。

ダチョウのおかげ

政重の屋敷で消火ポンプの実演を終えたデ・ローイが長崎屋に戻った後の出来事についてブへリヨンの日記に沿って見てみよう。「北西から吹く強風がどんどん強さを増していた。空は燃え上がり、埃で覆われていたように見えた」とブへリヨンは記録している。

この強風で長崎屋の土蔵の屋根が吹き飛んだ。そのことを伝えに長崎屋の主人・源右衛門は二階にあるブヘリヨンの部屋を訪れた。「空は燃えているかのように明るくなり、埃で覆われているので、火事が起こっているのだろうか」と尋ねたブヘリヨンに対して、源右衛門は「いいえ、このような現象は去年の大火以降つねに発生している。それ以来、このような強風の時には空が埃で覆われる」と答えた。明暦の大火の一年後でもまだこのように瓦礫の埃が立っていたようである。

この少し後に数人の使用人が、火事が起きていないかどうかを確かめるために屋根に登ったが、空が暗くて何も見えなかった。しかし、その三十分後に一階で大きな騒動が起こった。その直後に、「大きな火事が起こり、強風によって長崎屋の方に押し寄せて来ている」という知らせが寄せられた。

通詞・孫兵衛は数人の駕籠屋とともに二階に上がって、「火事が近いから急いで荷物を持って家から逃げるように」と忠告した。ブヘリヨンたちは手許にあった荷物を集めて、土蔵に投げ込んだ。ブヘリヨンは持参していた小判と将軍への贈物として持って来た赤サンゴの数珠を身につけた。駕籠屋たちも荷物を土蔵へ運んでくれた。

前年に同じく火災に遭ったワーヘナールは会社の荷物を土蔵に保管したことを後悔していた。ブヘリヨンは、土蔵の壁の漆喰塗りがまだ作業途中だったので、荷物をそこに保管することはひじょうに危険であるという忠告を受けていた。それでもこの時荷物をすべて土蔵に預けたことについて、ブへリヨンは日記のなかで「急な出来事においてほかの手段がなく、荷物を運び出す方法もなかった」と弁明している。

荷物を運び入れた後、すぐさま土蔵の戸が閉められ、土蔵の隙間に味噌が塗りつけられた。土蔵の周りの小屋や納戸は土蔵の防火のためすべて取り壊された。オランダ人は役人と通詞とともに長崎屋を後にした。ところが、通りに出たところで、ブへリヨンは家綱への贈物として連れて来たダチョウがまだ長崎屋内にいることを思い出した。駕籠屋たちが大急ぎでふたたび中に入って、ダチョウを連れて来た。

通りに出たブへリヨン一行は、呆然と立ちつくし、どこへ向かえばいいのかわからなかった。そこで一行はとにかく風向きにしたがって逃げることを決めた。しかし、前年のワーヘナールの避難時と同様に、荷物を抱えて避難する民衆が通りを塞《ふさ》いでいたので、ブへリヨン一行もなかなか進むことができなかった。

そうこうしているうちに、駕籠屋たちといっしょにダチョウを引き連れていたデ・ローイは、ブへリヨン一行と離ればなれになってしまった。一方、ブへリヨンは先へと進むにつれて、避難する群衆のなかに飲み込まれていった。その群衆についてブへリヨンは日記で次のように書いている。「十六万人も死亡したと言われている去年の大火によってこの人びとはいまだにあまりにも恐怖にとらわれているため、彼らは家を出てから、後ろをふりかえって火事のほうを見ることなく、自分の身を守って逃げることにすべての注意を向けていた」。やはり、火事に慣れていたとはいえ、江戸っ子にとっては前年に起きた明暦の大火は大きな衝撃だったようである。

オランダ人は群衆に巻き込まれて複数の通りに押し流されながらも、ようやく隅田川の土手に出た。「そこでは水中に飛び込んだ大勢の女性と子どもの哀れな姿を目の当たりにした」とブヘリヨンは書いている。ブヘリヨン一行は夕方にようやく「浅草という江戸の郊外」に辿り着き、そこから、前年にワーヘナールが明暦の大火に遭って避難する途中で泊まった時と同じ民家に向かった。

その民家に到着すると、驚いたことにすでにデ・ローイが辿り着いていた。しかも彼は無事だった。デ・ローイと再会できたことにブヘリヨンたちは大いに喜んだ。デ・ローイが引き連れていたダチョウに驚いて群衆が道を空けてくれたため、彼はとても早く進むことができた。大火に追われている群衆のなかに高さ二メートル以上の見慣れない奇妙な動物が突然現れて、それを見た皆が驚いて道を空けるという状況は、さぞかし不思議な光景だったのだろう。

ブヘリヨンは前年にワーヘナールが泊まったのと同じ東浅草の民家に泊まらせてもらった。家の中で一息ついたブヘリヨンは、駕籠屋の一人から長崎屋の運命を聞いた。ブヘリヨン一行が長崎屋を出た十五分後に、強風によって前に押し進められた「火の海」が長崎屋の家屋を飲み込んだという。しかし、土蔵の方は無事だった。その後、オランダ人の宿泊先に到着した使用人も同様の情報を知らせた。

建ったばかりの長崎屋の土蔵の壁にぬり込められた粘土がまだ湿っていたため、土蔵の土壁には炎が燃え移らなかったようである。それを聞いたブヘリヨンは、土蔵の保護のためにさらに壁に水をかけようと、ただちに数人の使用人を長崎屋の跡地に派遣した。

その夜、風は弱まらなかった。オランダ人たちは宿泊先の民家の前から、大火が猛威をふるう恐ろしい光景を眺めた。強風で火が東浅草に押し寄せてくるのではないかとブヘリヨンは心配したが、そのようなことは起こらなかった。「次の日は身を切るような寒さと悲しみに包まれて過ごした」とブヘリヨンは書いている。

大火の爪痕

翌朝、火は消えたが、強風は続いていた。オランダ人は役人および通詞といっしょに長崎屋の焼け跡に赴いた。長崎屋はふたたび灰燼と化していた。そして、周りにあった新築まもない家々も視界の届くかぎりすべて壊滅していた。いくつかの土蔵だけがあちらこちらに崩れ落ちずに立ち残っていた。

この時の火事は半径一マイル半（約六キロメートル）の範囲を完全に壊滅させたという。『武江年表』「万治元年」の条には「本郷三丁目より出火、引き続き江戸中大半焼亡」とあるが、死者について何も書かれていない。ブヘリヨンも同様に今回の火事での死者について言及していない。ワーヘナールが前年の火事の記録で焼死体についてたびたび言及していたのと対照的である。このことから推測すると、この大火において死者数はあまり多くなかったのかもしれない。むしろ、物理的損害が大きかったようである。

こうして明暦の大火のわずか一年後に復興したばかりの江戸はふたたび灰燼に帰してしまった。江戸っ子たちはもう一度いちから復興作業を始めざるを得なかった。「ひじょうに悲しい光景だった」とブヘリヨンは書いている。源右衛門は長崎屋を再建する費用として、前年と同様に家綱から三五〇〇匁の下賜金を与えられている。

このようにくりかえし起きる災難にもかかわらず、幕府はまったくめげることなく復興対策に乗り出している。

さて、ブヘリヨンが土蔵に入って、会社の所持品を確認したところ、ワーヘナールの時と違って、すべての荷物が無事残っていた。しかし、ほかの町内でふたたび火事が起こったとの忠告を受けて、防寒に役立ちそうな寝間着だけを取り出し、瓦礫のあいだを通って例の東浅草の宿泊先に戻った。駕籠屋と使用人は土蔵を見張るためにそのまま居残った。

今回の火事でふたたびすべてを失った源右衛門は、家族と使用人全員を引き連れてブヘリヨンの宿泊先まで頼って来た。これにより、オランダ人とその関係者合わせて七十人もの人びとが東浅草の民家に滞在することになった。これだけ混み合った家にいるのが息苦しくなったブヘリヨンは、皆が移って来られないようなもっと小さな家を探すように通詞・孫兵衛に頼んだ。これを受けて、孫兵衛は一生懸命探してみたが、大火の直後で避難民の滞在できる建物が不足していて、どこもいっぱいだった。

家綱への謁見

その後、役人の一人がオランダ人の安否を伝えるために井上政重の屋敷に赴いた。政重の土蔵に保管されていた家綱への贈物は被害を免れていた。そして、家綱に対する謁見は二月十七日に執りおこなわれることになった。謁見日の当日、ブヘリヨンは早朝に贈物とダチョウを江戸城に届けさせておいて、その後自らも江戸城に赴いた。本丸御殿はまだ再建中で、家綱は西ノ丸に滞在していた。

献上品としてオランダ人が届けさせたダチョウは西ノ丸で多くの注目を浴び、家綱もたいへん気に入っていたようである。ブヘリヨンはほっとして、「これで、この大きな鳥のために道中でかかったすべての苦労は無駄ではなかった」と綴っている。控えの間で一時間待たされた後、ブヘリヨンは広間にいた家綱の前に案内され、拝礼をした。奏者番・水野元綱《みずのもとつな》が「オランダ・カピタン」と大きな声を発した。通常、謁見の儀式というのはこれだけで終わりだった。この後、ブヘリヨンはすぐにその場から退出した。

謁見の後も、なおしばらく江戸に滞在したブヘリヨンは、三月六日早朝に江戸を出発して、四月十六日に長崎に到着した。ブヘリヨンの後継商館長はこの年再任されたワーヘナールであった。ワーヘナールは一六五九年四月四日にふたたび江戸に到着している。この江戸滞在時のワーヘナールの日記には大火についての言及はない。明暦の大火の二年後には、江戸はいつもどおりの日常に戻っていた。

政重が取り寄せた消火ポンプのゆくえ

ところで、井上政重がオランダからわざわざ取り寄せた消火ポンプは一六五八年の大火においてどうなったのだろうか。火事の時にこの消火ポンプは霊巌島《れいがんじま》(現・中央区新川)にある政重の屋敷に保管されていた。この屋敷は焼失したが、政重の家臣が消火ポンプを池に投げ込んだおかげで、ポンプは無事に残った。

一六五八年二月二十七日、ブヘリヨンは冷たい雨のなか政重の屋敷を訪れた。門以外には仮設の待合室しかなかった。ブヘリヨンは火鉢のそばに座って、江戸城に出かけていた政重を待った。政重の家臣たちが日本の食事とパン、バターを給仕してくれたので、ブヘリヨンは通詞たちとご馳走になった。食事を済ませた後しばらくして政重が戻ってきた。談話しているうちに、話題が消火ポンプに移った。政重は、家綱に献上するために消火ポンプ二基を日本に持って来るようにブヘリヨンに頼んだ。「そうすれば、将軍はきっと喜ぶだろう」とも助言した。しかし、その後この二基が日本に届けられることはなかったようである。

翌年にワーヘナールが江戸に到着した時に、政重は高齢のため退任していて、今後オランダ人の世話は長崎奉行が担うことになった。それでも、ワーヘナールは江戸を発つ前日に政重の屋敷を訪れた。それまでオランダ人に示してくれた厚意に対して敬意を表すためだった。政重とワーヘナールは一時間ほど談話したが、消火ポンプの話題は出なかった。

その後も、政重が受け取った消火ポンプについての言及はオランダ商館長日記に見られない。政重が退任した後に、消火ポンプはどこに消えたのだろうか。日本で消火ポンプの利用が開始されたのは八代将軍・吉宗《よしむね》の時代であるとされている。実際、一七二一年三月三十一日のオランダ商館長日記において、吉宗が「オランダ人はどのように消火するのか」と商館長ディオダティに対し書面で問い合わせをしている記述が見られる。この記述からは吉宗が消火方法に大いに関心をもっていたことがわかる。

（上）図13　日本の消火ポンプ図（ロシュクアート『世界紀行』1879年刊、国際日本文化研究センター所蔵）

（下）図14　新型消火ポンプ図（1676年成、アムステルダム国立美術館所蔵）

この吉宗の問い合わせに対して、ディオダティは「我々は革製のホースのついている消火ポンプを使用している」と答えた。その後、消火ポンプについて吉宗とオランダ商館長とのあいだでやりとりがあった形跡はない。それでも、この時期に日本で消火ポンプの使用がはじまっている。しかも、その消火ポンプの形状は、政重に渡された時期にオランダで一般的に利用されていたタイプのものによく似ている。

図13に描かれているのは、明治時代まで日本で利用されていた典型的な消火ポンプである。この機械は、龍が水を吐くように見えることから、「龍吐水《りゅうどすい》」と呼ばれていた。消火というより、火消しの身体に水をかけて、火から守ることが主要な役割だったようである。前掲の図11（九七頁）で示した十七世紀前半のオランダの消火ポンプと比較してみると、両者が類似していることに気づくだろう。

一方、オランダでは一六七一年に消火ホースが発明されている。この発明により消火ポンプの放水効率が格段に上がった。図14に描かれているのはオランダの新型の消火ポンプである。

これらの図を比較して明らかになるのは、吉宗の時代に日本で採用された消火ポンプは、オランダで十七世紀後半に採用された新型消火ポンプではなく、十七世紀前半のオランダで利用されていた旧型のものであったということである。

オランダ東インド会社は一六八〇年代に会社で使用する消火ポンプを新型のものに切り替え、会社所有の各船に配備することを義務化した。出島オランダ商館にも配置された。したがって、もしも一六八〇年代以降に日本にオランダの消火ポンプが新たに導入されていたなら、それは当然ながら新型消火ポンプになっていたはずである。ところが、明治時代まで日本で利用されていたのは旧型消火ポンプに類似したものであった。これらのことを考え合わせると、吉宗時代以降に日本で製造されるようになった消火ポンプの原型は、おそらく政重が取り寄せた例のポンプであったと思われる。

この経緯について、高齢のために退任した政重が自らオランダから取り寄せた消火ポンプを家綱に献上したのではないかと筆者は考える。もちろん、政重の死後に将軍家に渡った可能性もある。吉宗は幕府の書庫でみつけた蘭書をきっかけに、蘭学を奨励することになったが、その蘭書は、その六十年前に政重が取り寄せたものである可能性が非常に高い。そのことについて、筆者は二〇一四年にベルギーで開かれた国際学会で一次史料にもとづいて指摘したことがある。蘭書と同様に、政重の旧型消火ポンプも何らかの経緯で幕府の蔵に辿り着いて、吉宗のような聡明な指導者に再発見されるのをひっそりと待っていたという可能性もじゅうぶんに考えられる。

とはいえ、残念ながら、幕府高官はこの旧型消火ポンプで満足してしまった。吉宗の問い合わせに対する商館長ディオダティの返答を踏まえると、「革製のホースのついている」新型消火ポンプの存在を幕府側も知り得たはずである。また、その新型消火ポンプが出島オランダ商館に配置されていたことは通詞たちをはじめとして、長崎奉行も知っていた。

しかも、一六九〇年代にオランダ人は将軍に献上するために二基の新型消火ポンプを日本に船載したことがある。長崎奉行の面前で実演もおこなわれ、好評だった。将軍への献上品に含めるべきかどうかについて老中に判断してもらうために、消火ポンプの絵図が江戸に送られたが、最終的に江戸へ送る許可が下りなかった。その理由は不明である。しばらく出島オランダ商館で保管されていた新型消火ポンプは仕方なくバタフィアに送り返された。

一七五六年二月二十九日にオランダ商館の食堂で火事が起こった。商館員ヤン・ヘックが食堂に駆けつけたところ、麦わらに着火したことがわかった。彼はすぐに消火ポンプを出動させた。消火ポンプの働きのおかげで火は三十分以内に消し止められた。水をいっぱい入れた桶を運んできた日本人が到着した時に火はすでに消えていたので、彼らは仕方なくその水をすでに火の消えた麦わらにかけ、火を消すふりをした。

その後も、奉行をはじめ奉行所の役人がオランダ商館に設置されていた消火ポンプをたびたび見物しに来ている。しかし、日本への導入につながることはなかった。新型消火ポンプの採用にようやく関心が寄せられたのは、そのずっと後の一七九一年の頃であった。

その年の十一月に当時の商館長ペトルス・テオドールス・シャセーは通詞・加福安次郎《かふくやすじろう》

から消火ポンプの図を作成するようにとの依頼を受けた。また、出島オランダ商館にある消火ポンプのうち一基を将軍に献上することも提案された。消火ポンプは出島で一基も欠かすことができないと判断したシャセーは献上の提案については断った。その二年後の一七九三年三月五日に商館を訪れた通詞・石橋助左衛門《いしばしすけざえもん》が商館長へイスベルト・ヘミの許可を得たうえで、江戸へ送付するために消火ポンプの図を絵師に作成させている。

ところが、同年の七月にオランダ商館で消火ポンプを点検したところ、ポンプが故障していることが判明した。しかし、日本で修理することは不可能だったので、故障した状態で放置されたようである。そして、その五年後の一七九八年に出島で大火事が起こった。オランダ人は早速消火ポンプを取り出したが、故障したままだったので、役に立たなかった。結局、オランダ人は消火活動を余儀なく日本人に任すしかなかった。

ヨーロッパに伝わった明暦の大火

ところで、ブヘリヨンと交代で二度目の出島オランダ商館長の任務を終えたワーヘナールは、その後、東インド会社の本部が置かれていたインドネシアのバタフィアに戻り、そこで数年間公共事業長官を務めた。また、その後に喜望峰植民地の総督に就任している。日本を去った九年後の一六六八年にようやくワーヘナールはオランダへ戻るが、その同じ年にアムステルダムで亡くなっている。

ワーヘナールが死亡した一六六八年に、モンターヌスという当時のオランダの人気作家がワーヘナールの江戸参府日記の写しを入手している。そして、その翌年の一六六九年にモンターヌスは、日本に渡航した数人の東インド会社職員の日記の情報をもとに臨場感あふれる筆致で日本各地の様子を伝えた『オランダ東インド会社遣日使節紀行』という大著を出版している。

同書におけるクライマックスの一つが、ワーヘナールによる明暦の大火の記録である。「十万軒以上の家屋が壊滅した江戸での恐ろしい大火の記述」という題目の付いた項目で、明暦の大火でのワーヘナールの体験が、多少の脚色をともないながら、日記に沿って語られている。

この題目にある「十万軒以上の家屋が壊滅した」という文言には、誤った情報が含まれている。ワーヘナールの日記の原文には「日本人によると、死者は十万人を越えていた」とあるが、倒壊した建物の数については触れていない。これは、情報が転載される時に原本の内容との齟齬《そご》が生じてしまう典型的な例であるといえる。それでも、ワーヘナールの日記における情報はモンターヌスによってある程度忠実に伝えられている。

モンターヌスは、ワーヘナールの日記の内容を転載しているだけでなく、明暦の大火と

図15　江戸火災図（モンターヌス『オランダ東インド会社遣日使節紀行』1669年刊、国際日本文化研究センター所蔵）

同時代の一六六六年に起きたロンドンの大火との比較もおこなっている。モンタ ーヌスはロンドンの大火について、テムズ川近くにあったパン屋から出火して、強い北東風で瞬く間にロンドン市内全域に広がり、五日間燃えつづけ、二万軒の家屋と八十五軒の教会を灰にしたと綴る。そのうえで、「しかし、江戸の大火はロンドンのものよりもはるかに上回っていた。なぜなら、江戸では、十万人以上の死者のほかに、壊滅した家屋、宮殿や寺院の数がロンドンの五倍にも及ぶからである」とモンタ ーヌスはロンドンの大火を引き合いに出して、江戸の大火の凄まじさを力説している。

図16 「火災後の一六五七年三月四日の江戸市街の図」(江戸東京博物館所蔵。Image:東京都歴史文化財団イメージアーカイブ)

明暦の大火の話があまりにも印象的だったからなのか、オランダ人の画家による「江戸火災図」(図15)が『オランダ東インド会社遣日使節紀行』に見開きの挿絵として掲載されている。日本に行ったことのないオランダの画家によって、その場面について書かれている本文の文字情報と、あとは想像にもとづいて描かれたものであろう。バロック様式に則ってドラマチックに描かれている。荷車や木箱が道を塞いでいて、ひどく混雑している様子がうまく表現されている。また、消火道具として桶と梯子も描き込まれている。

この『オランダ東インド会社遣日

使節紀行』はオランダ語初版以外にも英語版、フランス語版、ドイツ語版が出版され、ヨーロッパ中で広く読まれた。ヨーロッパ諸言語に翻訳された同書が媒体となって、明暦の大火の情報は十二年の時間差でヨーロッパの読者に伝達された。

ちなみに、ヨーロッパ人によって描かれた明暦の大火を題材にした絵がもう一枚残っている。江戸東京博物館所蔵の「火災後の一六五七年三月四日の江戸市街の図」(図16)と題する絵である。この絵は東浅草方面から見た構図で描かれている。画面右手前に浅草門が見え、左上に江戸城の石垣が描かれている。浅草門の内外をはじめとして、あちらこちらに死体が見える。ほとんどの建物が倒壊し、焼け野原となった空間が広がるなか、ところどころ焼失を免れた土蔵がぽつりぽつりと立ち残っている。また、瓦礫のなかからは煙が上がっている。この絵の作者について、筆者はワーヘナールだと考えている。その根拠として、この絵に描き込まれている風景の構成要素がワーヘナールの日記に記された内容と一致していること、ワーヘナールが絵描きであったこと、絵の右上に書き込まれた文字がワーヘナールの筆跡に似ていること、以上の三点が挙げられる。

【解説】　本章図16にあるように、江戸はしばしば焼け野原となった。日本の歴史を考えるうえで、その復興過程が重要である。江戸という町は、火災に遭いつづけたから、火災から短時間で復興する仕組みを持っていた。

この十七世紀の段階で、それがあったかどうかは定かではないが、後の時代になると、火災から立ち直るためのある方法ができてきた。その方法とは、あらかじめ住宅用の木材をすでに加工した状態で隅田川の対岸に、つまり火のかかる可能性が低い地域に蓄積しておき、火災に遭うとそれを直ちに運び出して、焼けて間もない灰のうえにプレハブ建築のようにもとのごとく建て直すのである。幕末期に日本に来たヨーロッパ人は、焼け跡のまだ温かい地面のうえにすぐに新しい家が建って商家の営業が始まるのを驚きの目で記録している。

この日本の火災と建築の関係は、今日の日本人の建物に関する思想に影響している可能性がある。

たとえば、欧米では木造建築でも長期にわたって使用され、銀行などがそれに担保を設定するときも一定の価値を持っている。さらにヨーロッパでは建物のなかには古くなるほど価値が高くなるものも、しばしばある。一方、日本では、建物と地所、つまり不動産の価値は、地面である土地には相当の担保価値を認めるが、上物である建造物には時間経過を待つ間もなく、価値を失って、ほとんど担保価値を認めない。

この背景として、火災に遭いながら仮設建造物を建てるなどして建物を維持してきた伝統があるのではないかとみる向きもある。それとあいまって、日本では江戸時代もそうであったが、建築業者は、新築を建てるほうが多く利益が得られた。そのため、火災のたびに大工が新しい建物を建て、プレハブや仮設建造物のように火災のたびに建物を消費していくという伝統ができあがったのではないかとも思われる。

光熱消費などでは環境的に比較的優しい生活をしているはずの日本において、建物は長期にわたって使用されない。こと住宅や建造物に関してはあまり環境保護的ではないという結果を招いているが、それが江戸の火災後すぐに仮設の建造物を建てていたことと関係があるかどうかは、これからも研究すべき課題であろう。

江戸の火災対策のために隅田川を挟んで東岸に設けられた建築用の材木集積所の一帯は深川と呼ばれたが、この地域には材木商が集まった。材木商人は巨利を得たから、この深川地区が江戸の文化を作るうえでも大きな意味をもつに至ったことを忘れてはならない。

たとえば、屋台でなく屋内で料理を出すぜいたくな料理屋、料亭のような店は、江戸においては深川で発展した。また、料理をとってみても、うなぎの蒲焼きなどは、やはり深川地区で発達したものである。

この深川地区では、藩の江戸留守居役同士が会合した。江戸留守居役が藩屋敷の再建のために深川の材木商から接待を受ける場としても料理屋が発達してきた。つまり今日の役人対役人の接待（官官接待）や、建設業者に財貨が集まり役人を接待する接待文化が生じ、江戸の料理も発達するという副産物ももたらしたのである。

（磯田）

第三章　商館長タントが見た元禄地震

唐人屋敷の火事

本章で取り上げる商館長ヒデオン・タントの経歴についてはあまり情報が得られない。日本に赴任する前の一六九九年から一七〇三年までのあいだ、シャムのアユタヤにあったオランダ商館の長を務めていたことくらいしか知られていない。しかし、商館長日記からは、彼がひじょうに几帳面で神経質な性格の持ち主で、ことあるごとに詳細に日記に書き留める癖があったという人物像が浮かび上がる。

ヒデオン・タントが一七〇三年十月三十日に長崎・出島オランダ商館長に就任した時は、五代将軍・綱吉の治世であった。まだ将軍になっていなかった時に明暦の大火を経験していた綱吉は、一六八〇年に将軍職を引き継いでいた。綱吉統治下の元禄期において、経済が成長し、文化活動も盛んになった。しかし、元禄の終わりが近づく一七〇三年には長崎で不穏な空気が漂っていた。

この年、長崎では毎日のように密輸に携わる日本人が検挙され、処刑されていた。長崎に寄港する中国のジャンク船との密貿易が海上で密かにおこなわれていた。処刑される危険を冒してまで、厳禁されていた密貿易が続けられていたのである。この事態は両長崎奉行の機嫌をひどく損ねた。また、奉行所の役人たちも神経質になっていたことがタントの日記から読み取れる。

一七〇三年十二月八日の夜九時頃、夕食を終えて自分の部屋に戻ったタントは、障子の向こうにきらめく強い光に気づいた。障子を開けてみると、数人のインドネシア人の使用人が、「大きな火事だ」と叫びながら走って来た。タントはすぐさま、商館員ボーネンとともに物見台に上った。そこからは、唐人屋敷に猛烈な火事が起こっているのが見えた。

鎖国期に貿易のために長崎に来航していた異国人としては、オランダ人のほかに中国人がいた。出島に閉じ込められたオランダ人とちがって、中国人は十七世紀後半までは長崎市内に滞在できたが、一六八八年になって長崎奉行所が中国人を管理・監視するために唐人屋敷を建設した。その屋敷面積は出島オランダ商館の倍以上の広さであった。

図17は長崎の市街地を描いたものである。図の左上にみえる扇状の島がオランダ商館のある出島である。その左下にみえる正方形の島に唐人屋敷の倉庫があった。その島と橋で繋がっている陸地側の四角い区画が唐人屋敷である。

唐人屋敷の火事が拡大している様子を見たタントは不安を感じた。唐人屋敷とオランダ商館のあいだは海によって隔てられていたが、さほど遠くなかった。また、風は唐人屋敷からオランダ商館の方に向かって吹いていた。延焼したジャンク船がオランダ商館の近くまで流れて来れば、商館にも飛び火してくるかもしれない。

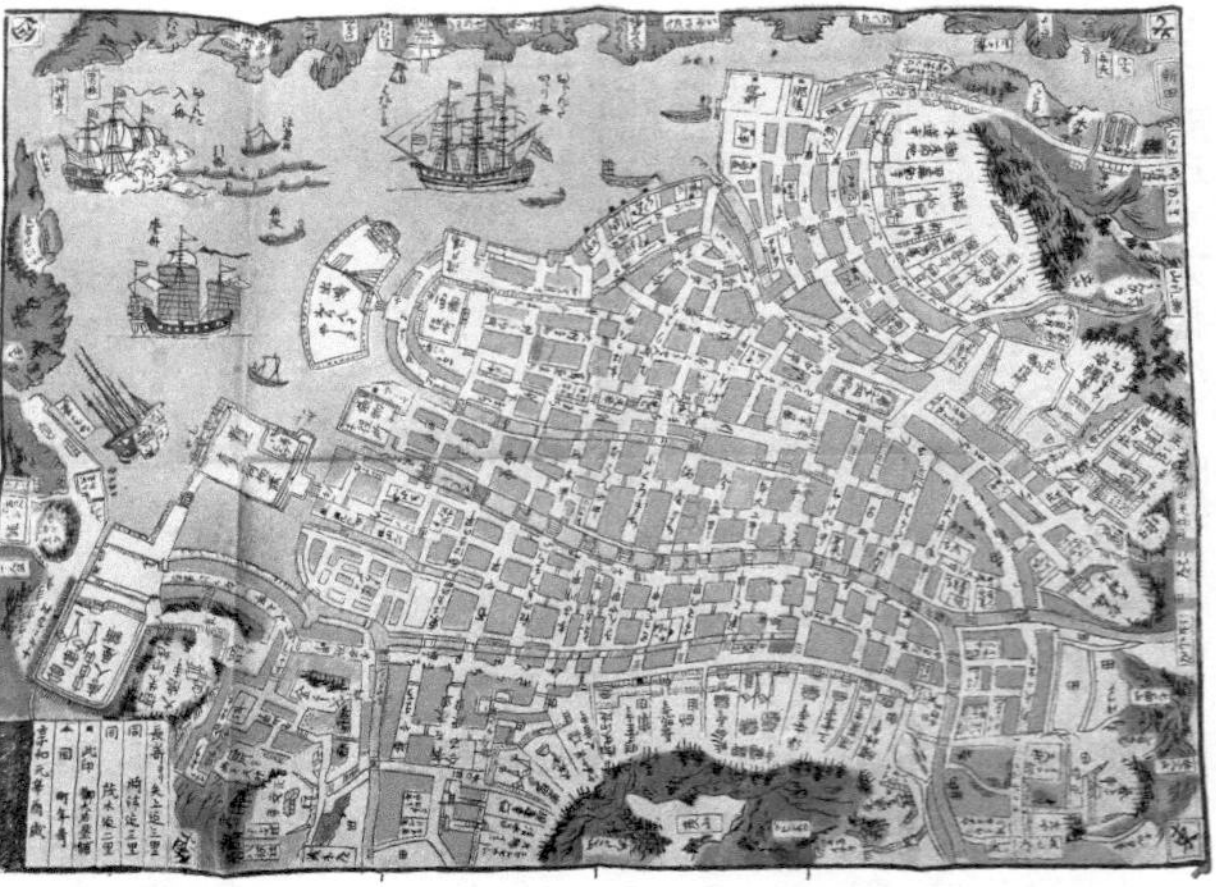

図17　長崎市街図（シャシロン『日本・中国・インド記』1861年刊、国際日本文化研究センター所蔵）

タントがこのように考えていたところ、大勢の奉行所役人や通詞、使用人などが、革製の火事装束をまとって出島に駆けつけて来た。そのほかの奉行所の役人は皆、唐人屋敷に向かい、大きなかけ声を出しながら消火活動に励んでいた。しばらくして、唐人屋敷で一軒の大きな建物が、そしてそのすぐ後にもう一軒の建物が倒壊した。

火消しは、焼けて倒壊した建物の周りの建物をつぎつぎと取り壊していった。この後、風も弱まって、しだいに火の範囲が狭まり、大きな煙を残すのみとなった。この時点で、夜中の十二時を過ぎていた。火事に驚きはしたが、大事に至らなかったことに安心したタントは、早速駆けつけてくれた役人や通詞に感謝を示し、彼らのために軽食を用意させた。

火事の原因は、唐人屋敷の小屋で煎餅を焼いていた時に飛び散った火だった。その火が中国人の住宅に着火し、つぎつぎと延焼し、さらにジャンク船へも飛び火したのであった。強風により、火の範囲が瞬く間に拡大した。そのため、中国人たちは商品を安全な場所に避難させることができず、自分の身を守ろうと、ただひたすら逃げるのに精一杯だった。結果的に、彼らは財産のほとんどを失った。これについて、タントの日記には、オランダ商館の無事を喜ぶ気持ちよりもむしろ、同じ商人として唐人屋敷の中国人の苦境に同情を寄せる思いが綴られている。

このように奉行所が密貿易の取り締まりや災害の対策に忙殺されるというなかで、タントにとって重要な任務である江戸参府の準備はなかなか進まなかった。他方、タントと担当通詞・横山《よこやま》又次右衛門《またじえもん》とはうまが合わず、あらゆるやりとりでギクシャクしたようだ。その理由の一つは、火事を恐れる神経質なタントが室内に火鉢を設置しようとしないことだった。そのため、寒さを嫌がる通詞たちはタントの部屋を避けるようになった。

なかでも、江戸参府をめぐるいさかいが絶えなかった。オランダ東インド会社の日本貿易の利益が減少しているなか、タントは経費削減対策として、江戸参府に同行するオランダ人の数を四人から三人に減らしたいと考えていた。それに対して、江戸参府の人数を変更することを面倒に感じた又次右衛門はそれに耳を貸さなかった。結局、タントは折れて、江戸参府に同行するオランダ人の数はそれまでどおり四人に決まった。

巨大地震の衝撃

江戸参府の段取りが混迷を極めるなか、タントは一七〇四年一月二日（元禄十六年十一月二十五日）未明に地震を感じた。同日の夕方にもふたたび「とても緩やかな揺れ」があった。相模トラフを震源とする元禄地震の本震は元禄十六年十一月二十三日に起こった。タントが感じた地震はこの元禄地震と何らかの関係があったのかもしれない。

一月の十五日（元禄十六年十二月九日）未明に長崎でふたたび地震があった。この時は「かなり強いが短い地震であった。その地震によりすべてが揺れていたが、出島では被害を受けなかった」。同日にタントを訪ねて来た通詞・又次右衛門は江戸から悪い知らせが届いたと伝えた。その便りについてタントは次のとおりに記している。

「和暦十一月二十二日、すなわち去る〔西暦〕十二月三十日未明に江戸とその周辺に、ここ百年以上遡っても経験や記録がないほどの巨大な地震が発生した。多くの家屋や建物が倒壊し、大勢の人びとが死んだ。この災害に加えてひじょうに大きな火災が発生した。これによって、助かろうとしてすべてを放置した民衆は、逃げ場を見つけられず、火や倒壊する建物の犠牲となった」。
タントの記録において地震の日付が二十三日ではなく、二十二日になっているが、元禄地震は「丑刻《うしのこく》」（午前二時頃）に起こったと伝えられているため、感覚的には二十二日の夜中だったのだろう。例えば、新井《あらい》白石《はくせき》も『折りたく柴の記』で「十一月廿二日の夜半《よわ》過るほどに、地おびたゝしく震ひ」と記録している。

この時点でタントは死者の数や損害の規模についての正確な情報を入手できていない。しかし、「火は長さ三里〔約一二キロメートル〕、幅一里半〔約六キロメートル〕の範囲すべてを燃やし尽くした」という情報は確かであるとタントの日記には記されている。

タントはさらに江戸の被害について、次のように記録している。「〔江戸の焼失していない〕そのほかの町内でも多くの家屋および建物が倒壊し、そのなかには複数の大名の屋敷も含まれている。なかでも甲府様〔後の六代将軍・家宣《いえのぶ》〕のひじょうに豪華な屋敷が倒壊し、そのなかにいた多くの人びとが死亡し、優美な宝物が失われた」。

命よりも大事な槍印

江戸から届いた書状には長崎の行政と直接関わる情報もあった。タントが商館長に就任する少し前に江戸で新しい長崎奉行が任命されていた。その新任の長崎奉行の名は石尾《いしお》氏《うじ》信《のぶ》だった。氏信は元禄地震が起こる一日前に長崎に向けて江戸から出発したばかりだった。元禄地震が起こった時に氏信は宿場に泊まっていた。どの宿場かはタントの日記では明記されていないが、日本側史料には地震当時に戸塚宿に泊まっていたとの記録がある。不運にも元禄地震による被害が特に大きかった地域である。

地震により、氏信が泊まっていた宿が火事になり、氏信の荷物はすべて焼失してしまった。そのなかには「将軍から預かった儀仗用の槍」も含まれていた。「火あるいはほかのいかなる原因によっても将軍の儀仗用の槍を失うことは、日本人にとってこれ以上ない恥であるので、この特別に不運な状況でなければ、本来なら氏信は切腹しなければいけなかった」とタントは記述している。

氏信の家臣たちが槍を保全しようとしたところ、二人が命を落としたという。氏信は仕方なく江戸へ戻った。

【解説】　地震のさなか、長崎奉行に決まった石尾氏信が宿場で被災し、地震による火事で、「将軍から預かった儀仗用の槍」を焼失してしまった話がでてくる。しかも、氏信の家臣が火の中からこの槍を取り出そうとして二人までが死亡しているという。槍を失った氏信は長崎への赴任旅行を続行できず、江戸に戻っている。

これはなにを意味するのであろうか。タントは「将軍から預かった槍」と書いているが、おそらく、それは誤りで、石尾氏信の「槍印」である可能性が高い。

　近世武家の社会における槍印の大切さは現代人には理解しがたいほどのものである。大名や旗本は、その行列の目印として槍に独特なカバーをつけ、槍印とした。「武鑑」という大名旗本ガイドブックがつくられ、そこには槍印が書き込まれていた。江戸時代には、人びとは路上で、この「武鑑」と照らし合わせて、槍印を確かめ、向こうからやってくる行列がどの大名か旗本かを判別した。つまり、戦場では旗印、平時の路上では槍印が武家の権威の象徴であった。槍印を失っては、路上を裸で歩くのも同然であり、氏信は赴任旅行を続けられなかったのである。

　歴史小説などで、軍旗を失えば命にかかわるというのは、明治時代になってから、と書かれることがある。たとえば、乃木《のぎ》希典《まれすけ》が西南戦争で軍旗を敵に奪われ、その罪の意識をずっと心の内に感じていて自決したなどという話が語られ、軍において、旗は命より大事という神話は、明治以後に乃木神話などによって作られたとするのである。

　しかし、江戸時代の武家社会でも旗印に相当する槍印はことのほか重要であり、ひとの命と交換されていたことはこの記述によっても明らかである。槍印がなぜ重要かについて説明するとすれば、武家の判別に役立つと同時に、それが道中を行軍する軍事力の象徴であり、地震火災の緊急時に慌てて槍印を失ったり焼いたりしてしまうような武士は、馬鹿にされ、その権威は地に落ちかねない。

槍印を失ったことによって、氏信は本来ならば切腹ものであるという風に書かれているが、実際の氏信はその後どうなったのであろうか。実はなんらの咎めも受けていないようである。元来、この石尾の家は荒木姓であって、織田信長と摂津国で戦った荒木《あらき》村重《むらしげ》の一族の子孫である。祖父の代に徳川秀忠《ひでただ》に仕えることを許され、建築工事が得意であったようで、徳川家の菩提寺である芝の増上寺や日光の三代将軍・家光《いえみつ》の廟所なども氏信の祖父が造営の奉行を務めている。

その後、孫の氏信は目付となって、火の元役なども務めているから、火の用心を役目としていたはずなのに、大事な槍印を失ってしまう失態をおかしたのである。ところが、長崎奉行の辞令をもらい、大切な赴任の門出の最初の一夜に江戸から出直してきちんと赴任できたようで、のちには勘定奉行にも進んでいる。槍印を守るために家臣二人を失うという犠牲を払ったためか、彼のキャリアは守られたようである。

（磯田）

書状を長崎に届けた飛脚によると、長崎に向けて江戸を発つ時に、江戸周辺の道中にあるほとんどの建物が倒壊し、通りがすべて塞がっているのを目の当たりにしたという。特に箱根峠は数多くの山崩れにより山道が塞がり、まったく通れなくなった。さらに、東海道沿いの宿場町のほとんどが崩壊していたという話であった。

江戸時代の継飛脚《つぎびきゃく》はリレー方式により一日一二〇ないし一三〇キロメートルもの距離を進むことができたので、通常江戸からの書状は十日以内に長崎に届けられた。しかし、今回、江戸からの地震に関する便りが長崎に届くまでに十五日もかかった。地震による建物の倒壊や地滑りの影響で道が塞がり、それだけ通行が困難になっていたと推察される。

地震に関する書状の内容を知ったタントは犠牲者に対する同情の気持ちを抱いた一方で、江戸参府についての心配も頭をよぎった。東海道にこのような大きな被害がある今、どうやって江戸へ辿り着けるのか。タントは、いっそのこと船で江戸へ渡航してはどうかという案を又次右衛門に提示した。しかし、海路による江戸参府の許可が幕府から絶対に下りないことをわきまえている又次右衛門は、「心配は要らない」と言いながら、すぐにその案を却下した。

天罰説と市井の不満

翌日の一月十六日に数人の通詞がタントのもとを訪れ、それぞれ江戸で起こった震災と火災についての情報を教えてくれた。彼らの情報によると、箱根峠で大きな山崩れが起こったため、通常の山道が使えなくなっているほか、小田原は壊滅し、ひどい状態になっているということだった。

さらに、通詞たちは、又次右衛門がその前日に伝えていた飛脚の話を裏付けるように、東海道にある宿場のほとんどの建物が倒壊していると伝えた。このような状況で江戸参府を実行できるのかと、タントはますます心配になった。少なくとも、困難をきわめる旅になることは確かだった。

午後に又次右衛門はふたたびタントを訪問した。通詞・志筑孫平《しづきまごへい》も同行していた。来訪の目的は江戸から新たな書状が届いたことを伝えるためだった。その書状によると、江戸での地震と火災はなお続いており、すべてを破壊しているという。また、江戸城の石垣が崩れ、城内の被害も甚大で、死傷者が多数出ているとも伝えている。

この書状の内容を伝えた後、又次右衛門は、本来ならこのように将軍の不幸について話したりすることは御法度であるから、この情報を秘密にするようにとタントに忠告した。とはいえ、将軍への不敬について忠告している又次右衛門自身がその後、「将軍は現行の小判のような質の低い悪貨を鋳造させている。それを国民に高く買わせているため、国全体が腐敗し、天罰を受けている」と不平を述べ、綱吉の政治に対する強烈な批判を開陳している。

この批判には綱吉の治世において実施された元禄改鋳《かいちゅう》に対する強い不満が表れている。元禄八（一六九五）年に幕府は、それまで使われていた慶長小判を回収して、金の含有量を減らした元禄小判と差し替えた。元禄小判の金含有量が慶長小判に比して三割減らされたのに対して、交換のレートは慶長小判一〇〇枚に対して元禄小判一〇一枚であった。このような手段を使って、幕府は大きな差益を得ることにより、財政を立て直すことに成功したのである。

一方、この時の改鋳を受けても民衆の購買力はさほど下がらなかったことが近年の研究で明らかになっている。それでも、又次右衛門の批判からうかがえるように、民衆が交換レートに納得していたわけではなかった。このような不利なレートを国民に押しつける幕府は「天罰」に値するという考え方は、儒教的な性質を帯びたもので、後に、元禄改鋳に否定的立場であった新井白石によっても唱えられるようになる。又次右衛門の天罰説を聞いたタントは、その背後にある幕府の金融政策に対する根深い不満にまでは思い至るわけもなく、単なる迷信であると切り捨てている。

愛妻の安否を気遣う長崎奉行

十七日に江戸からふたたび書状が届いた。その内容は十五日と十六日の情報を裏付けるものであった。しかし、本震以後の新たな情報もあった。「地震活動は弱まることなく続いている。人びとはどこへ逃げるべきかわからない状態であり、江戸の半分は火災や地震によって崩壊している」とタントは記録している。死傷者の数についての情報はこの時点でまだ確認できなかった。

翌十八日にもタントは複数の役人や通詞から江戸の状況についての情報を得ている。それによると、余震が続き、江戸の三分の二は崩壊しているという。また、一人の通詞の話では、長崎奉行・永井《ながい》直允《なおちか》は、彼の江戸屋敷が倒壊し、多くの親族と使用人が亡くなったことを知らせる書状を受け取ったそうである。この悲報を読んだ直允が受けた衝撃はさぞかし大きかったにちがいない。しかし、この書状では妻の安否には触れられていなかったため、無事に避難しているかもしれないという希望を直允は抱いていた。

タントの日記にこの記述を見つけた筆者は、直允の妻がその後どうなったのかを知りたくなった。そこで、彼女のその後の消息に関してさらに記述されていないかどうかを調べるためにタントの日記の続きを飛ばしながら読み進めた。しばらく読んでいくと、二月八日条に次の記述を発見した。

「〔直允と交代する予定だった〕前述の新任長崎奉行・石尾氏信が今月二十一日ないし二十二日に当地〔長崎〕に到着する予定であると聞いた長崎奉行・永井直允は非常に喜んでいた。というのも、これをもって彼は早く上〔江戸〕へ行けるからである」。

この時点で妻の安否がまだ確認できていなかったと推測される。直允は一刻も早く江戸に戻って自分で妻の安否確認をしたい。しかし、長崎からの出発は後任が長崎に到着してからしかできないことである。直允は首を長くして、出発できる機会を待っていた。

結局、直允が出発できたのは二月二十七日であった。タントの日記で伝えられている情報を見るかぎりでは、直允は大急ぎで江戸へ駆けつけたらしい。しかし、タントの日記ではその後、直允の妻に関する記録は見当たらない。ようやく、四月一日条に永井家の江戸での状況について書かれた記録が見出される。それによると、屋敷が焼失してしまったため、直允は江戸から二里離れた農村の粗末な民家に滞在しているという。

一方、タントの日記のこの条には、妻についての記述は見当たらない。さらに、タントの日記の続きを読み調べていくと、粗末な民家に泊まらざるを得ないという物理的要因によって不自由を強いられていることよりも、直允にとって「火災で被った損失は、特に心の悲しみである」と指摘されている。ここからは、元禄地震の際に発生した火災で直允が近親者を亡くしたものと推察できるが、その被災者が妻だったかどうかまでは特定できない。

これについて、いろいろ調べているうちに、直允の妻が創設したと言われる円珠院《えんじゅいん》という日蓮宗寺院が東京都江東区にあることを知った。早速、詳細を確認したところ、円珠院の前に設置されている町角みちしるべの看板には、次のような文章が綴られている。「開基の円珠院は、永見《ながみ》重直《しげなお》の娘で、のち永井讃岐守直允の後室となりました。生年は不明ですが享保十五（一七三〇）年十二月二十日に没し、自ら開いた円珠院に葬られました」。この情報にもとづくと、元禄地震の際、直允の妻は無事だったようである。

しかし、直允の屋敷の再建にはかなりの月日がかかったようである。タントの後任商館長フェルディナンド・デ・ヒュロートの一七〇五年と一七〇七年の日記には、直允の屋敷が再建されていないという記述がみられる。直允は一七〇九年に解任されるまで長崎奉行を務めた。

江戸参府の決行

このように江戸からつぎつぎと被害の情報が届いているにもかかわらず、献上品の梱包などの江戸参府の準備を進めるようにとの奉行の命令が一月十八日の朝にタントに届けられた。また、同じ日の午後に通詞・孫平が、幕府から江戸参府の許可が下りたという内容を伝える書状が奉行の手許に届いたことをタントに知らせに来た。出発日は一ヵ月後の二月十九日に決められた。

甚大な災害があったにもかかわらず、江戸参府が許可されたことにいささか驚いたタントは、江戸からの書状に震災の状況についての情報がないかどうか孫平に尋ねた。孫平は「江戸では余震がまだ収まらず、そのうえ、絶えず火災が起こり、そのために信じられないほど大勢の人びとが命を落としているようである」とだけ答えた。

この答えに納得しかねつつも、タントは奉行に対して感謝の意を伝えてもらうように孫平に頼み、出発日までに江戸参府のすべての準備を済ませることを約束した。

その後も絶えず地震関連の便りが届く。それらの便りには物理的被害についてだけでなく、経済的な影響について言及しているものもある。例えば、京都からの書状によると、江戸の震災の影響を受けて、すべての商品に対する需要が減少したため値段が下落したようである。販売しても赤字になると見た商人たちは販売を停止し、取引がいっさいおこなわれなくなったという。

震災後の経済状況について、タントの日記ではこのように伝えられているが、この話は妙に思われる。通常、災害時には、供給量の減少により、物価が上がるはずである。そこで、タントのこの部分の記述の裏付けを確認すべく、日記の続きを読んでいくと、三月十四日条にも京都での物価について言及されている箇所がある。ここでは、食料品や薬品は通常の価格で売られているが、長崎経由で輸入された反物が売れなくなったと書かれている。輸入された反物は高級品であった。つまり、震災の影響により、被災地以外の都市では高級品の購入が手控えられたことがわかる。

一方、江戸においては食料品や水の値段が高騰し、入手困難になっていることがタントの日記の一月二十三日条でみられる。これらの品々の供給不足を改善するために地方から江戸へ食糧や木材を送り、大工を派遣するよう幕府が各藩に命じたとタントは同月二十六日条に記録している。

一月十九日午後に通詞・岩瀬《いわせ》徳兵衛《とくべえ》から江戸の状況についての新たな情報がタントのもとへ寄せられた。それによると、「余震が続き、家屋の倒壊によりたびたび火災が起こり、江戸とその周辺の死者数が三十八万人であると想定されている」という。これはあまりにも大きな数字であるので、明らかに誇張である。元禄地震に関するこれまでの研究においては、死者数はだいたい一万人程度と推定されている。

先行研究で割り出されている死者数は、各地の被害を記録した当時の史料や綱吉の側近であった柳沢吉保《やなぎさわよしやす》の公用日記『楽只堂年録《らくしどうねんろく》』にまとめられている各地の被害状況を拠り所にしている。タントの日記に記載されている「三十八万人」とは大きく異なる数字である。もちろん、タントの日記に記録されている数字は、通詞という第三者から聞き伝えられたものにすぎないので、情報の信憑性としては現存している日本側史料にくらべて大きく劣ると言わざるを得ない。

しかしながら、タントの日記と同様に、死者数を数万人から数十万人に推定する日本側史料も存在する。例えば、公卿近衛基熙《このえもとひろ》の日記「基熙公記」には「江戸並近国の死人、只今まで死骸相しれ候分、二十六万三千七百人余のよし風聞に御座候」とある。とはいえ、京都にいた基熙が得た情報も、タントと同様に「風聞」によるものであるので、信憑性が高いとはいえない。

十九日以降も毎日のように江戸から震災の状況についての情報がタントのもとに寄せられる。それらの情報はこれまで届いたものと同じ内容であった。ようやく一月二十六日に余震活動がいったん収まったという書状が江戸から届いている。震災に関する最初の便りが長崎に届けられてから十一日後である。

その二日後の二十八日に江戸からふたたび書状が来た。それによると、「江戸の近くの海に面した、人口密度の高い、家屋の密集している町が地震の最後の揺れで完全に流失して、沈没した。そこでは人間も物もいっさい助からず、残っているものは何もなかった」とタントは記録している。

この被災地の町名については明記されていないが、熱海の可能性が高い。熱海は当時大名たちが湯治に訪れる温泉街として繁栄していて、五百軒ほどの家屋が密集していた。熱海の津波被害について、戸塚で元禄地震を体験した京都・下鴨神社の神職であった梨木《なしき》祐《すけ》之《ゆき》は『祐之地震道記』において、以下のように記録している。「あたみという所は、人家五百軒ばかり有る所なり。わずかに十軒ばかり残りたるとぞ」。元禄地震で発生した津波により五百軒ほど建ち並んでいた町が、何も残らず流失するという悲惨な運命を強いられた。このような情報に触れたタントはさぞや衝撃を受けたにちがいない。

ジレンマ

二月十九日にタントは予定通り長崎から江戸に向けて出発した。出発の直前に「江戸で余震がふたたび起こり、毎日五回、六回、七回と感じられるが、以前ほど強くない。ただ、恐怖が大きく、誰も夜を家で過ごさず、皆仮設住宅に泊まっている」という内容の書状が江戸から届いた。この情報を聞いたタントは前途多難が予想される江戸参府に不安を抱きながら、外科医ピーテル・ケステロート、助手ヘリット・ヴォーヒトおよび助手ニコラース・コール、そして奉行所の役人と通詞たちとともに江戸への旅に出た。

タント一行は和船で瀬戸内海を通り、三月九日に大坂に到着した。タントは道中で、江戸における余震の情報を注意深く収集していた。大坂に着く三日前の三月六日条には、広島の沖に停泊している船上でタントが感じている心の内を伝える記述がみられる。

「彼の地で余震があいかわらず続いていて、大名たちはその妻子とともに屋敷の倒壊に怯えているので、屋敷には滞在せず、青空の下に、油紙を張ったテントで暮らしている。参府を中止したら良かったのにと大通詞〔又次右衛門〕は言った。危険を冒すだけだと彼は主張した。私は次のように答えた。そんなに重く考えなくて良い。皆が伝えているほど災害はひどくないと信じているから、希望をしっかり持てば良いと。内心では通詞の考えに同感していたが、それは彼に見せたくなかった」。

さて、その後大坂に着いたタントが宿泊先の部屋で役人と通詞・孫平とともにお茶とお菓子を飲食しながら談話していた時に、又次右衛門が部屋に入ってきて、両長崎奉行、永井直允と別所常治《べつしょつねはる》の荷物が例年よりはるかに多いことに文句を言い出した。これだけの荷物を江戸に運ぶことは役人と通詞たちだけではできないので、会社の経費で馬と運搬人を借りてくれるようにタントに依頼した。

オランダ商館長が江戸参府する際、同行する役人や通詞が奉行から運搬を委託された荷物も江戸へ運ぶのが通例だった。しかし、今回は預かっている荷物があまりにも多くて、彼らの手に負えなかったので、タントに助けを求めたのである。

前述したように、経費をできるだけ抑えたいタントにとっては受け入れ難い依頼であった。また、この依頼は又次右衛門が援助金をタントに出させて、それを自分の懐に入れるための工作かもしれないとも疑った。タントはこれ以上の出費は許さないと又次右衛門にはっきりと断った。それを聞いた又次右衛門は悲しそうな顔をして、「あなたが助けてくれなければ、私はもはややっていけない」と答えた。

奉行から荷物の運搬を頼まれた以上、役人と通詞たちはどんなに面倒であっても従うしかなかった。しかし、荷物の量が多くなると彼ら個人だけでは扱いきれなくなる。そこで、彼らが頼りにしていたのはオランダ商館長の保有している東インド会社の豊富な資金であった。他方、商館長は立場上、経費の削減に努めなければならない。

このようにタントと又次右衛門の関係がギクシャクしているところで、タントが信頼を置いていた孫平が仲介して、「又次右衛門が言っていることは本当だ。江戸のそれぞれの宛先に荷物ができるだけ早く、正確に届けられるようにと両奉行から役人が命令を受けている。というのも、託された荷物は、震災と火災によってすべてを失って困っている前述の両奉行の妻子と友人に必要な物資だからである。もしも、通詞たちの正当な依頼に応じれば、両長崎奉行に対して尽力することになるだけでなく、彼らの〔オランダ東インド〕会社に対する好意も増すだろう」と言った。

タントを部屋の外へ連れ出した孫平は、奉行の荷物を確認してくれるようタントに頼んだ。タントは、いくつかの小包のほかに箱や樽が十九個あるのを確認した。個人で運ぶには、確かに多すぎる。とはいえ、タントはまだ納得していなかった。そこで役人を呼び出し、箱に付けられた貼紙に記載されている文字を読み上げるように要請したところ、それぞれの貼紙に奉行の名前が記載されていることがわかった。また、貼紙に記載されている文字は役人が見せてくれた控帳の内容と一致していた。これで又次右衛門が嘘をついていないことが判明した。

この件をどうすればいいのか、タントはしばらく考え込んだ。タントが心配したのは、いったん前例を作ってしまえば、毎年、東インド会社の経費で奉行の荷物を運び、それによって東インド会社にとって追加の固定経費が発生することであった。一方で、通詞たちとの関係を悪化させたくないとの思いもあった。

この件に関する問題を整理したタントは、通詞たちをふたたび呼びだして、奉行の荷物の運搬費用に充てるために十二枚の小判を渡した。今回は震災という特異な状況であるために渡すものであるが、この金額は毎年江戸参府の経費に加算される恒常的な支出にはならないことが条件であるとタントは念を押した。こうして、タントは通詞たちに援助の手

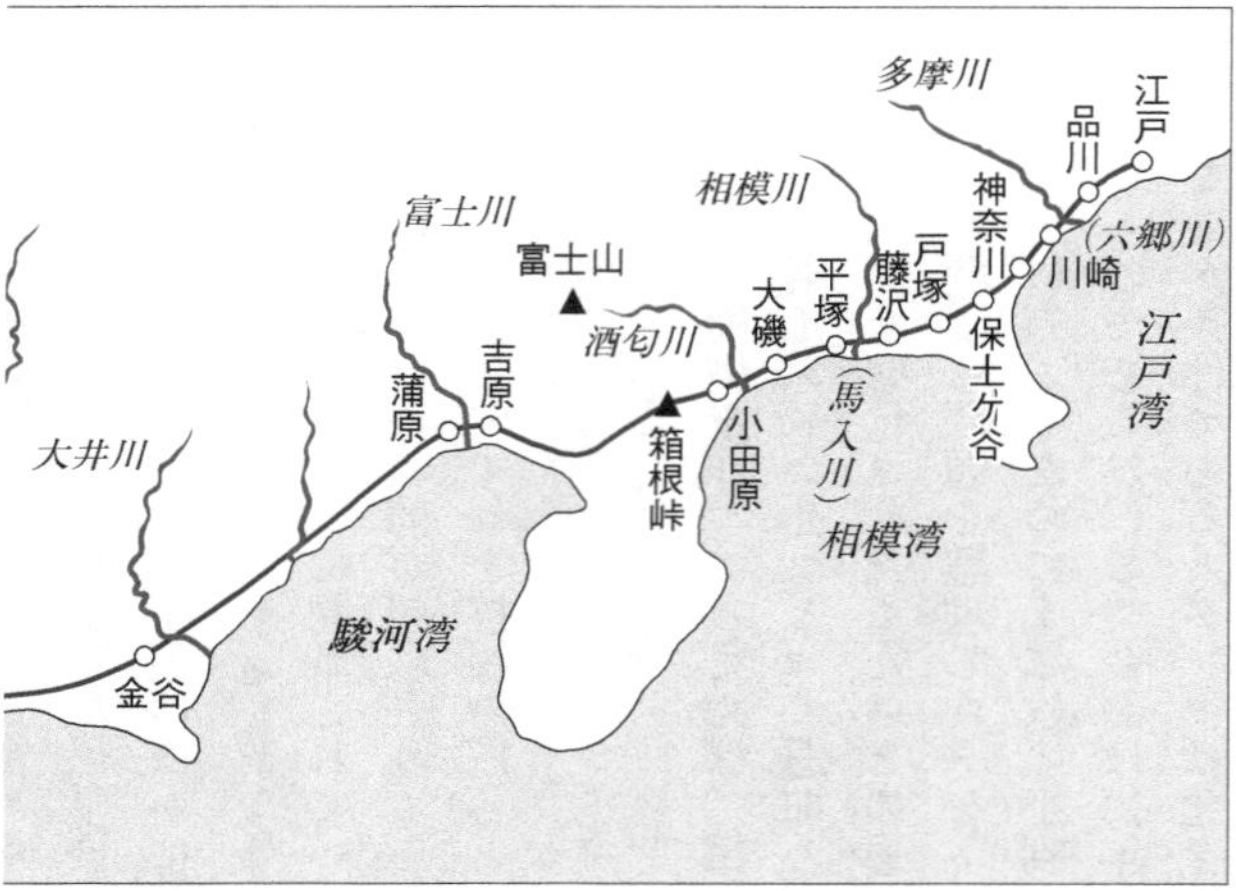

を差し伸べながら、会社の今後の経費を膨らませない工夫をした。なお、元禄小判発行以降、一枚の小判は銀六〇匁の価値になったので、銀一匁を二〇〇〇円で計算すると、十二枚の小判は現代のお金で一四四万円に相当する。

通詞たちはこの申し出に賛同して、すぐさま荷物運搬の準備に取りかかった。タントからの援助金の申し出を聞いた役人は、タントの厚意に対して深い感謝の意を示した。通詞たちも加わって、何度もお辞儀をしながら礼を述べ、江戸参府にともなう困難を忘れてもらえるよう、また旅費を抑えるよう一生懸命努力することを約束してくれた。このように和やかな雰囲気で役人と通詞たちはタントの部屋を出た。経費増加のやっかいな問題がこ

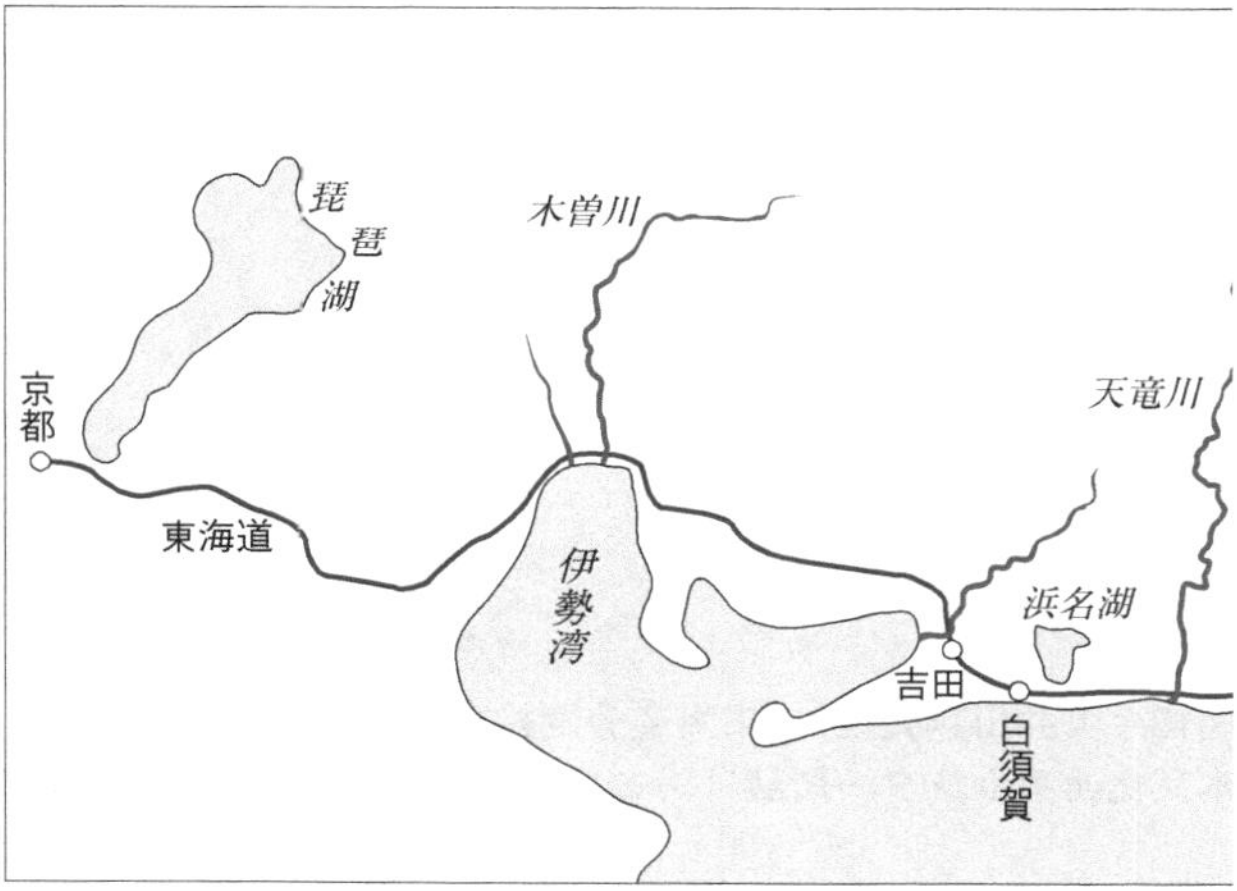

東海道

のような愉快な形で解決されたので、タントは満足していた。

命がけの川越え

その後、タント一行は大坂から陸路で京都に進んだ。そして、京都からは東海道に沿って江戸に向かった。道中の大井川（現・静岡県）が大雨で増水し、川越えできないため、一行は金谷宿で一日足止めされた。ようやく晴れた三月二十三日にタントは川越え人足が担ぐ蓮台に乗って、流れの激しい大井川を命がけで渡った。

川を渡ったタントは人生ではじめて富士山を見た。この時の富士山の様子について「雪が山の上半分を覆ってい

図18　大井川越え図（『東海道分間絵図』1752年刊、国際日本文化研究センター所蔵）

た。こんなに下まで雪が積もっているのを何年も見ていないと日本人は驚いていた」と日記に記されている。また、「彼らによると、川が増水しているのは、雨によりその雪が溶けて、川に流れ込んでいるからである」とも記述している。

翌二十四日に到着した富士川の増水も一行の旅を中断させる大きな障害となった。渡船場に着いたところ、強風と豪雨のため川越えができないとタントは聞かされた。タントが到着する直前に大坂城代の一行が川越えを試みたが、大きな危険を冒しながら向こう側の東岸に辿り着けたのは大坂城代一人だけであった。大坂城代一行のほとんどは荷物を携えてもとの西岸に戻らざるを得なかった。そのため、タントの到着した渡船場には、川を渡れなかった者たちが待

図19　富士川船わたし図（『東海道分間絵図』1752年刊、国際日本文化研究センター所蔵）

機していて、たいへん混雑した状況であった。そこで、仕方なくタント一行は大雨のなかで、通過したばかりの宿場町蒲原《かんばら》まで引き返し、宿泊することになった。

蒲原の宿でしばらく休憩していたタントに又次右衛門が川越えの状況について伝えに来た。又次右衛門の話によると、「大坂城代が向こう岸に到着した後に、尾張藩士の一行が同じ舟に乗り、富士川をこちら側へ渡ろうとした。途中で〔舟が危険な状況になったので〕彼らは舟を軽くすることで、自分の身を守るために所持していたすべての荷物、そして刀や槍などそのほかの物も残らず舟から水中に投げた。それでも航行不能になった舟で難破するか海に流される危険にさらされたが、川のこちら側から何隻かの舟が助けに行って、河口に近いところでその舟をなんとか止めて、陸に上げた」という。このように、江戸期における川越えは命がけのものになることもあった。

しかし、タントはそのような話にはあまり興味を示さない。度重なる足止めにより、旅費がどんどんかさむ。一刻も早く江戸へ進みたい。二十五日に雨が止んだので、タントはその日に富士川を渡れるのかと又次右衛門に尋ねた。それを受けて又次右衛門は二人の部下を渡船場に派遣したが、彼らは「川が大きく増水し、流れがあまりにも強いので、渡川は不可能である」との回答を受けて戻って来た。このように江戸時代には旅行の途中で渡川にあたって二〜三日足止めされる場合も多かった。

二十六日の未明にふたたび雨が降ったので、その日も蒲原から動けないとタントは嘆いていた。しかし、朝になると天気が晴れに変わり、川越えが可能になったという朗報が届いた。ただ、人と荷物は渡れても、馬はまだ無理だった。これ以上の足止めに嫌気がさしていたタントにとってこの問題の解決は簡単だった。つまり、人と荷物だけが川越えし、馬は西岸に残し、東岸で新たに馬を借りて、吉原（現・静岡県富士市）へ進むという解決策であった。

タント一行は正午前に蒲原を後にした。渡船場に着いたところ、増水のために川幅が大きく拡張していた。確かにこのような状況で馬を渡川させることは無理だとタントは実感

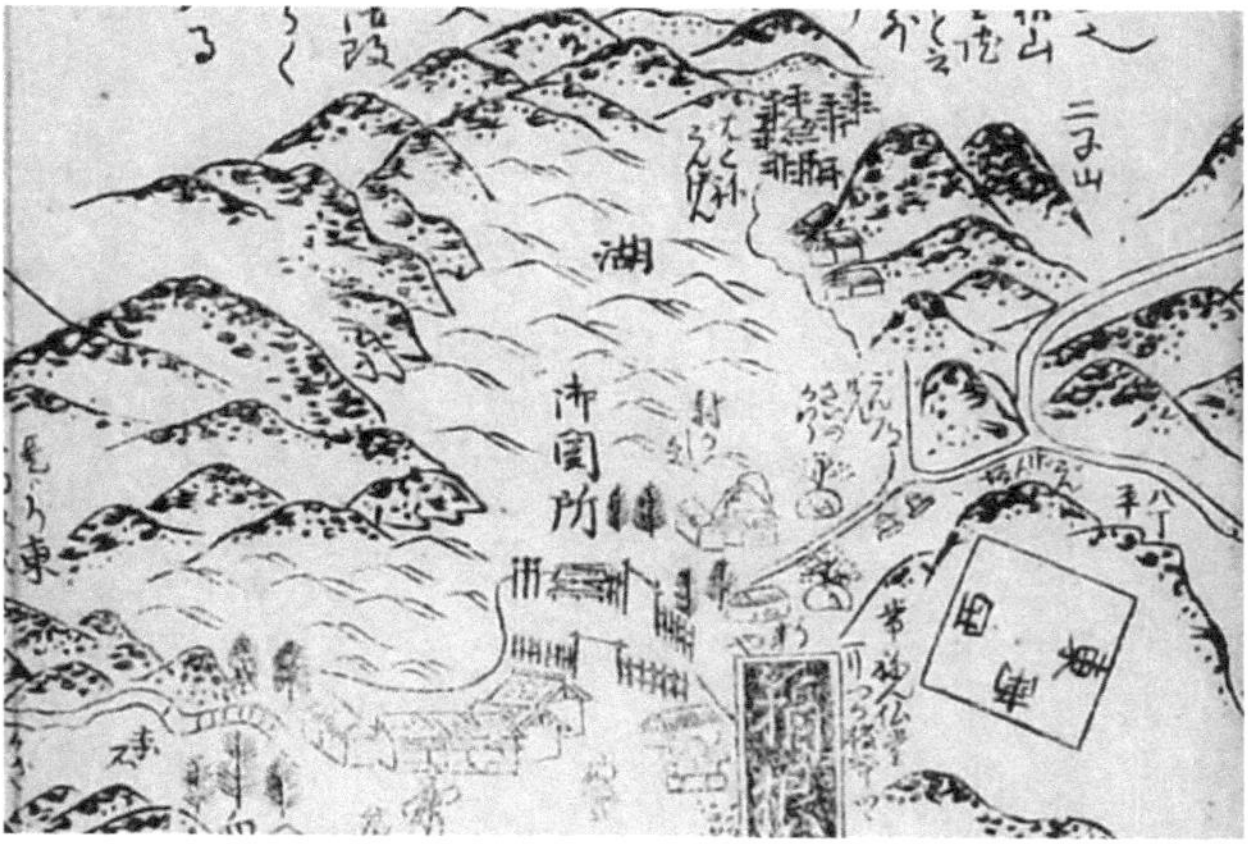

図20　箱根図（『東海道分間絵図』1752年刊、国際日本文化研究センター所蔵）

した。一行は荷物だけを舟に積んだ後、無事に富士川を渡り、吉原方面へと旅を続けた。

箱根峠で実際に見た被害

二十八日は晴れだった。タント一行は東海道において川越えの次に難所とされる箱根峠まで上がり、そこで昼食を取った。タントは箱根峠の様子を次のように記録している。「当地において地震がすべてをひっくり返したようだ。ほとんどの家屋が焼失している。焼失していないそのほかの家屋は倒壊している。残りの家屋は人が住めるように可能なかぎり再建され、控え柱で支えられている。また、住民たちは至るところで新しい家屋の建築に一生懸命に取り組んでいる。しかし、〔仮に再建された家屋は〕とても簡易に作られた構造である」。

この箱根峠の被害についての記述が、元禄地震の被害に関連する観察記録としてタントの日記においてみられる最初のものである。つまり、箱根峠以西には元禄地震の被害はあまりなかったと思われる。実際にタントの日記の欄外に「箱根峠で地震によって引き起こされた災害をはじめて観察した」と書かれている。これは、前述の梨木祐之の『祐之地震道記』における内容と一致している。祐之の日記にも、道中の三島以西における地震の被害の記録はほとんど見られない。

この地震を受けてオランダ人が毎年泊まっていた箱根峠の宿屋はどのような状況だったのか。「全壊した我々の定宿の主人は子どもを一人亡くした。この小さな箱根峠の宿場全体で四百人の男性、女性、子どもがその命を奪われた。我々はこの〔仮設の〕宿屋で昼食を取った。しかし、前述の悲惨な状況を見ていたので、あまり食べる気がしなかった」とタントは日記に綴っている。

タント一行は箱根峠に長く留まらず、旅を続けた。山道を東方面へ下る道すがら、複数の場所で大きな岩が下へ転がり落ちた跡を見た。この落石のせいで山道は複数の箇所で遮断されていた。また、あるところでは、山崩れが起きて山の岩石および表土が広範囲にわたって崩れ落ちていた。

タント一行が杉の並木道に沿って通るはずの山道は三ヵ所が土砂崩れによって塞がっていたため、一行はその土砂崩れの地点を迂回すべく、いったん崖を下りて、山林を抜けて、そして山道に戻るためにふたたび上る必要があった。その迂回路には倒れた樹木の合間に木材と土で作られた仮の通路が敷設された。そうした仮の通路を辿って崖を上り下りする時はつねに危険を感じたとタントはふりかえっている。

タントによる被害状況の観察記録はさらに続く。タント一行が山道に沿って通行した村々の家屋はほとんどすべて倒壊し、焼失していた。石工や労働者が山道に崩れ落ちた岩を砕く作業をせっせとおこなっている様子もみられた。大きすぎて動かせない石は、石工たちが砕いて小さくしてから、山道に沿って転がされ、崖の下に落とされていた。

タントはこの光景を見て感じたことを、次のとおりに書き記している。「これらの場所を驚愕および動揺なくして通ることができない。しかし、日本人は、このことについて話すと、各所で遭遇する悲しい災害を見るたびに指を差して、軽々しく大笑いをする」。

このタントの記述には西洋人と日本人とのあいだにみられる自然災害の受け止め方の違いが表れている。オランダでは地震大国日本にくらべると、突然襲ってくる自然災害はあまりなかった。もちろん、オランダは土地が海面下にある低地地帯であるので、洪水による災害は多かった。しかし、洪水に対しては土木工事によってある程度の対策が可能である。オランダでは「世界を造ったのは神であるが、オランダを造ったのはオランダ人である」という表現があるほど、オランダ人は自分の運命を自分で形作るという気質を持っている。このような気質は、前章でみた消火ポンプの開発・改良にもつながっている。

しかし、オランダで経験したことのない地震となると、オランダ人もお手上げだった。地震のような防ぎようもない自然災害に日本人はいにしえから絶えず晒され、それにより独特の日本文化が形成されたといえる。厳しい現実をありのまま受け入れることは日本文化の特徴の一つであろう。現実を受け入れることによって、前向きに復興に取り組むことができる。

日本人の態度についてタントが書き留めた「各所で遭遇する悲しい災害を見るたびに指を差して、軽々しく大笑いをする」という行動は、決して悲しみを軽くとらえることを意味していない。笑うことは、災害による精神的損失を癒やすための一種の自己防衛機能であると筆者は考える。絶えず起こる震災や火災に対して、江戸時代の日本人は現実を受け入れて、耐え忍ぶしかなかった。一方、このような甚大な災害の痕跡をはじめて見たタントはこの被害状況に心を揺さぶられた。悲しみを表現すべきであるという倫理的認識を強くもっていたタントは、日本人の心情や行動の裏にあるものまでは理解しようとしなかった。

図21　小田原図（『東海道分間絵図』1752年刊、国際日本文化研究センター所蔵）

小田原の被害状況と藩主の尽力

箱根峠を越えて、小田原に到着したタントは、そこで見た状況について、次のように記録している。「例年宿泊している小田原に着いたところ、すべての家屋が倒壊し、焼失しているという状況だった。元気よく復興に取り組んでいる生存者は仮設住宅やテントで暮らしていた。小田原城も完全に焼失し、全壊した」。

オランダ人は江戸参府の途中で小田原に宿泊するのが通例だった。しかし、今回あまりの被害状況に驚いたタントは例外的に小田原に泊まらず、大磯まで進むことに決めた。馬に乗ろうとした時に、通詞がもたらした情報によると、

「この町だけで震災と火災によって四万人の男性、女性と子どもが死亡した。しかし、その数字には、震災の初期に起こった火災で命を落とした城内の人びとは含まれていない。その死者数は秘密にされているからである」。

上記のように、通詞から聞いた情報としてタントが記録している小田原での死者数は四万人となっているが、この数字は、信憑性のより高い日本側史料と大きく乖離《かいり》している。例えば、前述の柳沢吉保の公用日記『楽只堂年録』では小田原での死者数を二二九一名と記録している。これは小田原の藩士による元禄地震の被害についての記録「小田原地震覚書」に記載されている、小田原領内二二六一人および旅人四一人という死者数とほぼ一致している。タントにこの情報をもたらした通詞はおそらく又次右衛門である。これまでのタントの日記の記述内容から推察すると、又次右衛門には、被害の規模を誇張して伝える傾向があったように思われる。他方、このような被害情報の記録は、誇張されたものであったとしても、当時の日本人の心情に関する重要な情報源でもあり、人びとが被害を甚大なものとして認識していたことを示唆している。

通詞は小田原におけるオランダ人の定宿の主人についての情報も伝えてくれた。それによると、「当地の定宿の主人の家は同じく倒壊し、焼失した。彼は使用人のほかに子ども一人を失った。彼は今江戸にいて、宿を再開するために新しい住宅の建設を小田原藩主に請願している。というのも、彼はすべてを失ったので、その宿がなければ、妻子とともに生活できないからである」。

以上のタントの記録によると、すべてを失った定宿の主人は小田原藩主に救済金を請願するために、三月頃に江戸に赴いたようである。当時の小田原藩主は大久保《おおくぼ》忠増《ただます》であった。元禄地震後における忠増による復興事業について記録した史料が残っている。前述の「小田原地震覚書」である。この史料は小田原藩士だった岩瀬家に伝存されている。『小田原市史』の史料編（近世二藩領一）に翻刻が掲載されているので、参照しやすい。

「小田原地震覚書」によると、元禄地震が起きた時に藩主の大久保忠増は江戸にいた。地震が起きた直後に、小田原から江戸へ派遣された藩士によって小田原の被害状況が伝えられた。忠増は旧暦の十二月一日（一七〇四年一月七日）に復興のために幕府から一万五〇〇〇両を借金している。忠増自身は十二月五日に江戸を発って、次の日に小田原に到着した。小田原城は崩壊状態だったため、小田原にいるあいだは小屋に泊まったようである。小田原城や箱根などを視察した忠増は十二月二十一日に小田原を発って、江戸に戻った。

また、同史料によると、小田原に滞在しているあいだに忠増は、小田原町中の復興に充てるために米三〇〇俵と貸付金一五〇〇両を提供した。さきほどのタントの日記には、忠増がすでに江戸に戻った後に、オランダ人の定宿の主人が藩主を追って、江戸に向かったと書かれているので、忠増が小田原にいるあいだには、定宿の主人は救済の請願ができなかったようである。

彼の請願はどのような結果に結びついたのだろうか。それを知るためにタントの後任商館長フェルディナンド・デ・ヒュロートの日記を調べた。デ・ヒュロートは地震の翌年の一七〇五年三月十二日に箱根峠を越えている。日記では地震によって倒壊した家屋の多くがまだ撤去されないまま残っていると書かれている。また、この年はオランダ人が小田原を素通りして、大磯に宿泊したとの記述があるので、この時点で小田原の定宿はまだ再建されていなかったことがわかる。なお、この年の帰路においても、オランダ人は小田原ではなく、大磯に宿泊している。

さらに、翌年の一七〇六年に江戸に参府したハルマーヌス・メンシングの日記を見てみる。メンシングの日記を辿ると、往路はデ・ヒュロートと同様に小田原を素通りしている。しかし、帰路の道中日記に「小田原に宿泊する」という記述が見られる。元禄地震発生の二年後にようやく小田原の定宿が再建されたようである。

東海道沿いの被害

タントの日記に戻ろう。

小田原の定宿の主人についての状況を聞いたタントはふたたび馬に乗り、小田原を後にした。しかし、すぐに行く手を遮る難所にぶち当たった。酒匂《さかわ》川である。酒匂川は前述の大井川と同様に橋がなく、船渡しも許されていなかったため、川越え人足の力を借りないと渡れない。この時酒匂川は流れがひじょうに強く、水が深かった。この川を渡るためにタントは三百五十三人もの人足を雇用せざるを得なかった。

小田原から大磯までの道中の状況について、タントは次のように記録している。「道中どこもほとんどの家屋が倒壊しており、橋が壊れ、樹木が倒れている。また、山から重そうな石が数多く転がり落ちていた」。

このような光景を眺めながらタントは旅を続けて、夕方に大磯に到着した。大磯の宿は完全に倒壊してはいなかったが、損傷がひどかった。また、「家屋の一部が倒壊した時に数人の使用人のほかに一人の子どもを失った」と宿の主人がタントに語った。さらに、最後に余震があったのは八日前のことであるとも話してくれた。しかし、大磯の死者数については情報を聞き出せなかった。

翌日の三月二十九日にタントは大磯から出発し、江戸への旅を続けた。渡し船で「馬入川」（相模川の下流部）を渡った直後に地震があったようである。タントは次のように書いている。「最初は数人の使用人、その後に大通詞〔又次右衛門〕から地震が起こっていると の忠告を受けた。しかし、私は乗物のなかにいて、ほかのオランダ人は馬に乗っていて、乗物や馬の上下運動による揺れのため、我々は地震を感じなかった」。

この地震は軽微なもので、すぐに終わったらしく、オランダ人は先へ進み、平塚と藤沢を通った。両宿場ではほとんどの家屋が倒壊していた。オランダ人は例年藤沢で昼食を取っていたが、毎年昼食を提供していた宿屋は全壊したので、タントは一気に戸塚まで進むことにした。

戸塚は、本章の最初に取り上げた新任の長崎奉行・石尾氏信が地震発生時にたいへんな目にあった宿場である。タントが到着した時には、戸塚の大部分の家屋はさすがに倒壊したままだった。また、倒壊しなかった家屋は控え柱で補強されていた。戸塚の東端でようやく被害の少なかった宿屋を見つけたタント一行は、そこで昼食を取り、すぐに出発した。

道中の保土ケ谷でもほとんどの家屋が倒壊していた。午後四時に神奈川宿に到着した。それまでに通った宿場とくらべると、神奈川は被害が少なかった。タント一行は神奈川で夜を過ごした。

三十日の夜中にタントははじめて余震を感じた。タントは、その余震は「さほど強くなく、長く続かなかった」と記している。一行は早朝三時に神奈川から出発し、渡し船で

「六郷川」（多摩川の下流部）を渡った後、九時頃に品川に到着した。そこでは、習慣に従って、一行に随行していた日本人は江戸に入るために、旅行用の服装から整った装いに着替えた。着替えが終わると、一行は旅を続けて、無事に江戸に入った。

江戸の復興活動

地震後の江戸を見て、タントが抱いた最初の印象は次のとおりだった。「江戸は見るに堪えないくらい悲惨な状況であると思った。というのも、家屋が地震のために倒壊し、焼失してできた広範囲の空き地が各所に見えたからである。そして、そうした空き地のところどころに藁などの素材を使って簡易に拵《こしら》えられた小屋が建っていた。労働者たちは、新たな家屋を作る材料として使用するために、焼けていない材木を熱心にかき集めていた。大工たちやほかの職人たちは皆せっせと働き、新しい家屋の建設およびその準備に携わっていた」。

タントの日記では、震災後に日本人が一生懸命復興活動に取りかかっている姿が生き生きと描写されている。このような光景は日本側史料にはあまり見られない。震災に負けない元気でたくましい日本人の気質を我々に伝えてくれる貴重な史料である。

日本人が取り組んでいる復興活動を観察しながら、タントは午前十一時に江戸における定宿の長崎屋に到着した。長崎屋は建物の複数箇所が傾いていて、木組みが外れるなどのひどい損壊が目立っていたが、倒壊までには至っていなかった。被災地を通る旅を無事に成し遂げたことでタントはひと安心した。しかし、他方では、大きな災害に見舞われた江戸から一刻も早く出発できるように神に祈っていた。

タントがそのように考えている時に、又次右衛門が部屋に入ってきた。彼はこれから役人と長崎屋の主人である源右衛門とともに、先に江戸に到着していた長崎奉行・永井直允および当時幕府内でオランダ関係を担当していた大目付の松前嘉広《まつまえよしひろ》と作事奉行の小幡重厚《おばたしげあつ》にオランダ人の到着を知らせに行くとタントに伝えた。タントは又次右衛門に対して、綱吉への謁見の許可が早く下りるように幕府高官に請願してくれることを強く念押しした。謁見を早期に済ませれば、それだけ早く江戸から出られるとタントは期待していた。

又次右衛門が出かけてから、江戸に来ていた長崎町年寄・高島四郎兵衛《たかしましろべえ》がタントに挨拶に来た。彼はその翌日に長崎へ戻る予定であった。出島に居残っているオランダ人にタント一行の無事を伝えてくれるようにとタントは頼んだ。その後も数人の奉行所役人がタントを訪ねて来た。タントはオランダのパイや紅茶で彼らをもてなした。当時オランダ人が日本人訪問客に出していたパイや焼き菓子がどのようなものだったのかは詳《つまび》らかではない。ただ、パンやバター、チーズなどとともに日本人にたいへん受けが良かったことが、複数のオランダ商館長日記からうかがえる。

夕方に戻ってきた又次右衛門は、タント一行が無事に江戸に着いたことに、長崎奉行と幕府高官がたいへん喜んでいると伝えた。そして、朗報もあった。綱吉への謁見は三日後の四月二日に決まった。謁見がこんなに早く決まったことにタントは喜びを隠せなかった。タントは早速献上品の整理に取りかかった。

震災に対する好奇心を抑えきれなかったタントは、夜に談話していた源右衛門の長男に、震災とその後の火災でどれだけの犠牲者が出たのかを尋ねた。「江戸や小田原における死者の数は、男性、女性、子どもを含めると二十七万人に上ると推定されている。それには当地の江戸城および小田原城で死亡した人は含まれない。というのも、それについては話してはいけない」という返答をタントは記録している。

その後、源右衛門の長男は長崎屋の不幸についてタントに打ち明けた。彼の話によると、妊娠して出産間近であった彼の母〔源右衛門の妻〕は地震が起こった時に驚きのあまり早産に至り、胎児とともに亡くなったという。この話は公務日記に記録を残すほどタントに衝撃を与えたようである。この一例に見られるように、元禄地震が多くの悲劇を生んだことは想像に難くない。

地震の力に驚くオランダ人

タントは三十一日に謁見の準備を着々と進めた。また、四月二日に控えた謁見の許可を正式に伝えに来た長崎奉行所の役人を長崎屋でもてなし、長崎奉行や幕府高官に感謝を伝えてくれるようにと頼んだ後、和やかな雰囲気で別れた。江戸でものごとが順調に運んでいるのを受けて、オランダ人は陽気な気分になっていたことがタントの日記の記述から伝わってくる。

その日の夜中まで各幕府高官への献上品を整理した後、タントは満足して、布団に入った。しかし、睡眠は長く続かなかった。タントは次のように記述している。

「昨日の夜あるいは早朝四時頃にひじょうに重くて強い地震があった。オランダ人は皆同時に即座に目が覚めた。地震は、我々の宿屋の長い面に沿って激しく強く揺れ、さらにそれと交差する重い揺れがあったため、すべてが倒壊するかのように感じた。しかし、神のおかげでそれは長続きしなかった」。

タントが記録しているこの地震の日付（四月一日）の事項を日本側史料の『武江年表』で確かめると、元禄十七年「二月二十七日、地震、四月まで度々震ふ」という記録がある。和暦の二月二十七日は西暦四月一日に当たるので、タントが体験した地震の記録と日付がぴったり合う。

タントが地震の強さにひじょうに驚き、不安になったことは彼の記述からうかがえる。オランダ人が宿屋で泊まる時、つねに厳重に戸締りがされる。いわば、オランダ人は宿屋に閉じ込められる。家屋が倒壊すれば、逃げ道もなく、屋根の下敷きになってしまうという心配をタントは日記に書き留めている。

朝になり、又次右衛門が、オランダ人の泊まっていた二階に上がって、「先ほどの地震についてはどう思うか。強くなかったか」と聞いた。タントは頷いて、宿屋が倒壊すれば、そのなかに閉じ込められているオランダ人は避難できないとの心配も打ち明けた。タントはこのような地震が「二度と起こらないことを祈っていた」。そして「この地震で〔江戸で〕何らかの被害が起こらなかったのか」と又次右衛門に尋ねた。「今のところ、そのようなことについて聞いていない」と又次右衛門は答えた。

困惑する綱吉

ところで、又次右衛門がタントのところに来た真の目的は、前日に訪問した作事奉行の小幡重厚の話を報告するためだった。重厚が又次右衛門に語ったところによると、綱吉がオランダ人の謁見を中止しようとしたという。というのも、地震によって多大な損傷を受けた江戸城の姿をオランダ人に見せるのが恥ずかしいと綱吉は考えていたからであった。

綱吉は謁見の代わりに京都所司代が献上品を受け取る措置を取るように重厚に指示した。綱吉の決定は外交上重大なものだったため、重厚は大目付の松前嘉広、当時の江戸在府の長崎奉行・佐久間《さくま》信就《のぶなり》、そして前年まで長崎奉行を務めていた江戸町奉行の林忠和《はやしただかず》と協議をした。

この四人の協議では、商館長が江戸参府を免除されるという前例を作らない方が良いという結論に至った。なぜなら、将来的にその前例が江戸参府の負担を軽減するための口実としてオランダ人によって利用されるかもしれないからである。そうなると、昔からオランダ人が将軍に対して払ってきた敬意が薄れるのではないかと彼らは恐れていた。

商館長の江戸参府を続行すべきであるとの結論に至った四人は、綱吉の側近・柳沢吉保に相談に赴き、綱吉を説得してくれるよう頼んだ。彼らの意見に賛同した吉保は、早速、綱吉のところに駆けつけた。吉保の説明を受けた綱吉は考えを改め、通常通りに江戸参府がおこなわれるように命令を出した。

以上の話は又次右衛門がタントに伝えた内容である。これを聞いて、「幕府高官たちにたいへん感謝している」とタントは答えた。江戸参府の出費を嫌がっているタントにしては意外な反応だと思われるかもしれない。しかし、オランダ人にとって将軍への謁見が特権として認識されていたことは、歴代の商館長日記から読み取れる。

午後に大目付・松前嘉広の家臣が長崎屋を訪問した。翌日の謁見が公式に許可されたことを再度伝えるためだった。準備は万全だとタントは誇らしく答えた。その後、長崎奉行・永井直允からも家臣が派遣され、謁見の段取りについて説明があった。それによると、例年オランダ人が謁見の前に待機していた控えの間が倒壊したため、今回にかぎり、島原藩主の屋敷で待機することになった。

すでに夕方になっていた。タントが最後の準備を終えたころ、奉行所の役人が来訪し、翌日の謁見に対する喜びを互いに分かち合った。ワインと焼き菓子を飲食しながら和やかに談話した後、役人は帰った。使用人たちが夕食を用意したちょうどその時に、ふたたび地震が起こった。朝のものほど強くなかったとはいえ、タントは冷厳な現実に戻され、食欲を失った。

崩壊した江戸城

四月二日水曜日の早朝にタントは前もって献上品を江戸城へ運ばせた。朝八時に長崎奉行の役人が長崎屋にタント一行を迎えに来た。タントは乗物に、ほかのオランダ人は馬に乗り、江戸城に向けて出発した。

オランダ人が謁見に際して通常江戸城に登城する時に通る橋と門が潰れていたので、タントたちは迂回して、別の道筋で江戸城に進んだ。外堀に沿って進むことになったタントは、「ひじょうに大きく、堅固で重厚な石垣が多くの箇所で倒壊により瓦礫と化し、大部分が堀のなかに崩れ落ちている」と記している。

しばらく外堀に沿って進んだところ、タント一行はとうとう仮設の橋に辿り着いた。その橋を渡ってから、タントは半壊した門を通った。タントはその門について「もともと大きくて、綺麗な建物だったことは想像できる」と記述しているが、どの門を指しているのかは未詳である。

江戸城に入ったタントの眼に映ったのは、多くの建物や大名屋敷の倒壊している様子であった。また、至るところで石垣が崩れていた。何千人もの労働者がせっせと復興作業に取り組んでいた。タントは城内の被害状況を見て、大きな衝撃を受けている。「これだけの被害をもたらす地震は凄まじい力を持っていたにちがいない」と綴っている。

元禄時代における将軍謁見の常として、オランダ人は江戸城に入ってからいざ謁見に呼ばれるまで、大手門と本丸とのあいだに位置していた江戸城最大の検問所「百人番所《ひゃくにんばんしょ》」という建物で控えていることになっていた。しかし、この建物は元禄の地震で倒壊していたので、代替措置としてこの時は島原藩主の屋敷に案内された。

当時の島原藩主は松平忠雄《まつだいらただお》であった。通称は「阿波守《あわのかみ》」である。元禄二年に作られた

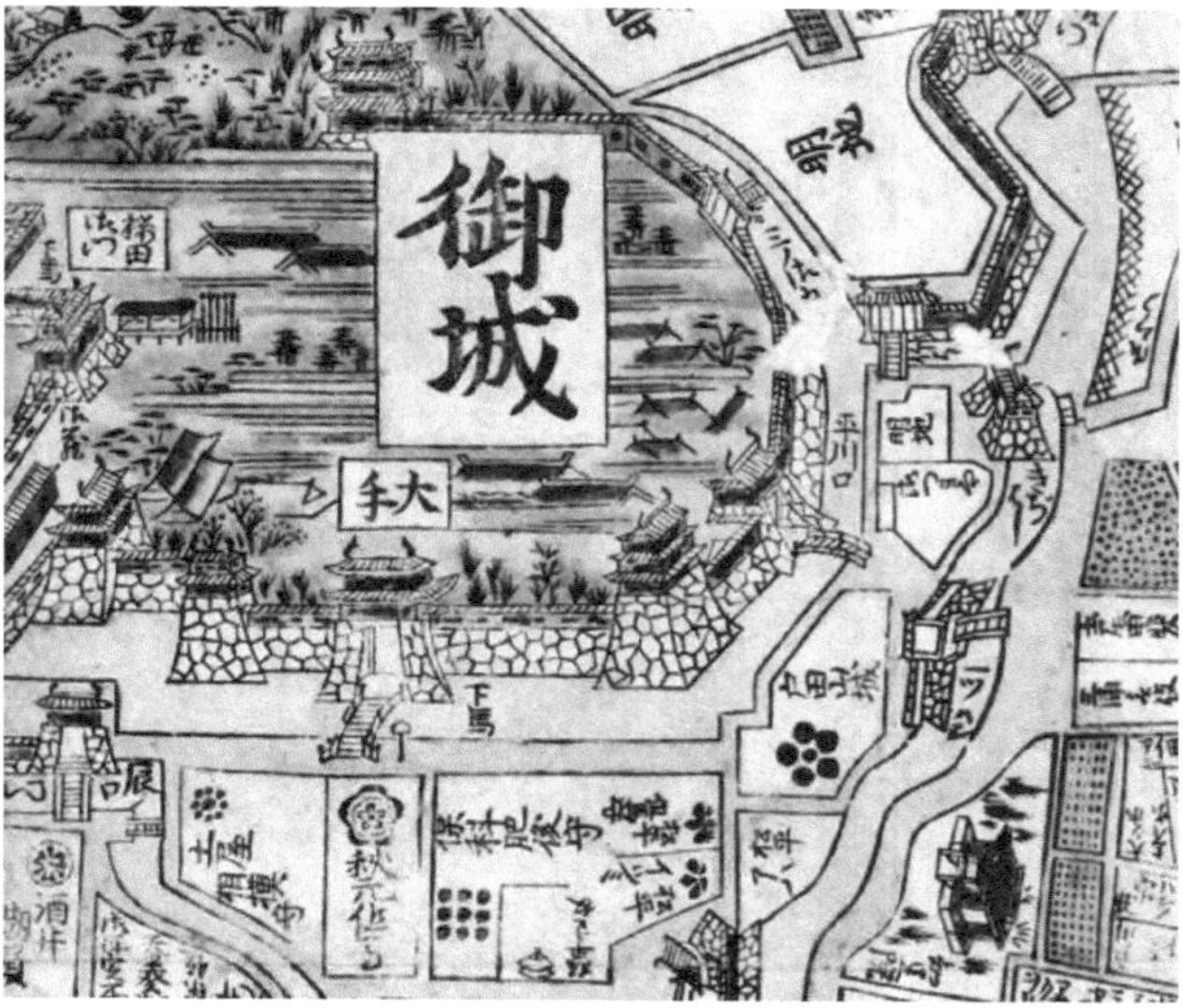

図22　「江戸図鑑綱目」に記載されている島原藩主（松平アハ）の屋敷（国立国会図書館所蔵）。地図の右が北である。「松平アハ」の記載は右下あたりに見える。

「江戸図鑑綱目」で調べてみると、「松平アハ」の屋敷がみえる。一ツ橋門の近くに位置していた（図22）。

オランダ人は島原藩士に迎えられ、広間に案内された。しばらく待つと、島原藩主が広間に入り、通詞を介してオランダ人に挨拶し、その後すぐにその場を去った。広間は大手門に通じる広場に面していたようである。出されたお茶を飲みながらオランダ人は、乗物で運ばれている大名たちがつぎつぎと通っていく様子を観察していた。これらの大名たちもオランダ人と同様に綱吉に調見するために来ていた。

しばらくすると、大目付の松前嘉広と作事奉行の小幡重厚が両長崎奉行とともにオランダ人の控えていた広間に入って来た。挨拶の後に長崎奉行の永井直允がその後の段取りについてタントに説明した。まず、長崎奉行たちが先に本丸に入り、すべての老中が本丸に到着次第、島原藩邸に使いを送るとのことであった。また、直允は昼ごろに謁見が許されるだろうと付け加えた。

こうして待っているあいだに、オランダ人を一目見ようと複数の大名たちが島原藩邸にやって来た。あっというまに時間が経って、すでに昼過ぎになっていた。その時、ようやく本丸に入るようにとの知らせが届いた。

オランダ人は役人に案内されて、仮設の橋で内堀を渡った。この仮設橋は平底船のうえにこしらえた船橋であった。ここでもタントは石垣の崩れをあちらこちらで観察した。この橋を渡ったところで、大きな建造物に出くわした。タントの記述の文脈から推測すると、これはおそらく「大手三ノ門」である。タントによると、この門は倒壊せずに残っていたが、門戸の代わりに柵が設置されていた。

「大手三ノ門」を通ったところで、役人たちは倒壊した建物を指差し、そこが「百人番

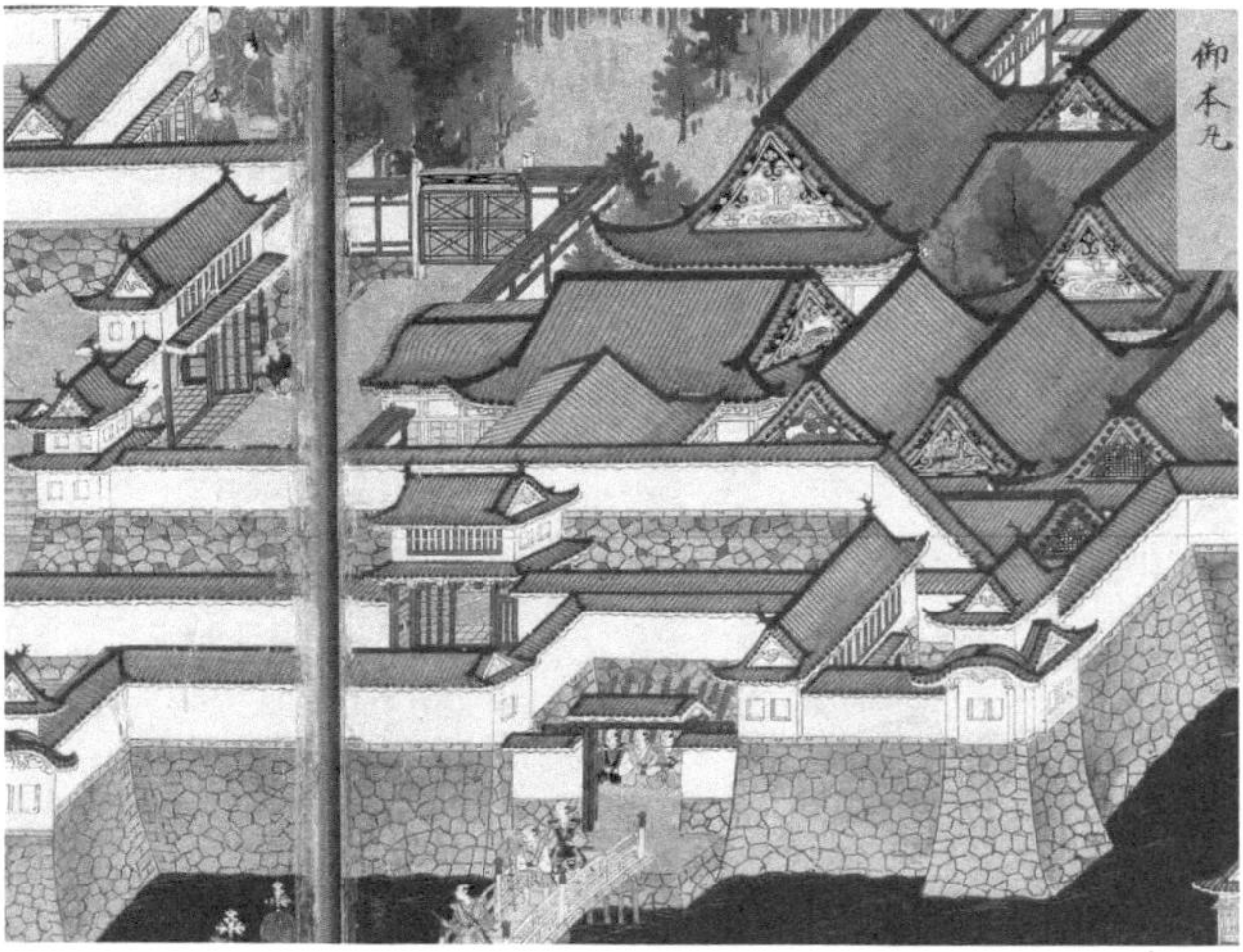

図23　江戸図屏風左隻（国立歴史民俗博物館所蔵）。手前の門は大手三ノ門、斜め左の上は中ノ門、左奥は中雀門である。

所」だったとタントに伝えた。当時、「百人番所」は「大手三ノ門」を抜けたところの左側に位置していた。タントはそこで見た光景を次のように記述している。

「その倒壊した建物のところで、多くの労働者たちが、その建物およびその近くにあった建物の木材や動かせそうもない巨大な石をふたたび集めるのに従事していた。倒壊しなかったほかのさまざまな建物にはあちらこちらに亀裂や裂け目が入っているのが見えた。また、それらは各所で控え柱を用いて支えられていた」。

タント一行は被害状況を観察しな

がら大きな広場を通って、ふたたび仮の柵が設置された門を通った。これはおそらく「中ノ門」である。すぐにもう一つの門がオランダ人の前に現れた。中雀門《ちゅうじゃくもん》である。「そこで、通常通過する大きな門が我々に指差されたが、今は閉鎖されていた。というのも、数多くの裂け目があり、曲がった状態で垂れ下がっていて、控え柱が設置されたため利用できなかったからである」とタントは記述している。

以上、この時にタントが通った経路は、オランダ人が将軍に謁見する時に通る通常と変わらない経路であった。まず、商館長が乗物や馬に乗って、江戸城の正門であった大手門をくぐる。そこから、正方形の広場を渡り、大手三ノ門を抜ける。そこにふたたび大きな広場があり、左手に警護隊が詰めている百人番所がある。通常、オランダ人は、この百人番所に数時間控えた後、呼び出しを受けて、そこから歩いて本丸の方へ向かう。そこには巨大な石垣が目の前に聳《そび》えている。その石垣の途中に、重箱櫓の付いている中ノ門がある。これはオランダ人にとって印象深い光景であったにちがいない。中ノ門をくぐると、右手に大番所が見える。また、左の方へ進むと、重箱櫓の付いている中雀門がある。中雀門をくぐると、ようやく本丸御殿に辿り着く。

このように、オランダ商館長日記には登城の際に通るさまざまな門についての詳細な記述がたびたび見られるが、各門の名称への言及はほとんどない。したがって、当時の江戸城図と商館長日記の記述を手掛かりにその経路を辿るしかない。今現在でも石垣は残っているので、オランダ商館長が体験したように、江戸城登城を追体験することは可能である。

綱吉への謁見

本丸御殿に入ったタント一行は、なかで待機していた直允に迎えられた。タントは直允の案内で大広間に向かった。そこには数多くの大名が座っていて、タントを歓迎してくれた。それらの大名たちのなかに五島藩主の五島盛佳《ごとうもりよし》の姿もあった。これにはタントは大いに驚いた。なぜなら、盛佳が地震で死亡したという噂を以前に聞いていたからであった。ここで、タントの日記を遡って確認してみると、確かに一月十九日条に、地震によって五島藩主が行方不明になっているとの便りに関する記述が見受けられる。この記述からは元禄地震の初期の混乱の様子が浮かび上がる。しかしながら、タントが江戸に着いた頃には、混乱はすでに収まっていたようである。

大広間にいた大名たちはタント一行を興味深く観察していた。しかし、まもなくして、江戸城の雑務係を務めている表坊主が来て、大名たちに大広間から退出するよう指示した。大名たちがその指示に従順に従って大広間から出た途端、またほかの大名たちが大広間に入って来て、オランダ人に挨拶し、すぐにふたたび大広間から退出した。

最後に加賀藩主・前田《まえだ》綱紀《つなのり》が入って、オランダ人に挨拶した。「彼は日本中でもっとも財力のある大名であり、将軍よりも財力があると噂されている」と又次右衛門がタントにささやいた。綱紀もまたほかの大名たちと同様にすぐに大広間から退出した。

このようなやりとりが四十五分続いた後、直允がタントを迎えに来て、将軍の謁見の際に座る場所や謁見の仕方を説明した。タントは又次右衛門を介して、すべて承知したと直允に伝えた。この後、タントは板張りの廊下に出て、ふたたび控えの間に向かった。この「板張りの廊下」は、その三年前に赤穂浪士事件の発端となった、浅野長矩《あさのながのり》が吉良義央《きらよしなか》を斬りつけた松之大廊下のことである。

この板張り廊下に出たタントが、老中たちが着座する予定の場所を通ったところ、直允の側に作事奉行の小幡重厚がやって来て、それより先に進まないよう忠告した。というのも、角を曲がったところに綱吉が出て来ていたからである。このように足留めされているあいだ、タントは本丸御殿の建物をじっくりと観察した。「私はたいへん驚いていた。本丸御殿のすぐ近くに建っていた櫓は完全に崩れて損傷し、重厚な控え柱で支えられており、さらに屋根も大部分崩れているのにもかかわらず、〔本丸御殿には〕なんの損傷や亀裂も見つけることができなかった」とタントは不思議がっていた。

本丸御殿は、言うまでもなく、伝統構法による建造物であった。免震機能をもつ伝統構法による木組みの柔軟構造がどんなに頑丈な石積みよりも地震に強いということをタントは想像できなかったようである。

そのようなことを考え込みながら、十五分くらいが経った頃、重厚がふたたびやって来た。将軍に謁見するために急いで大広間へ行くようにとタントに指示した。タントは直允に従ってふたたび板張りの廊下に沿って進んだ。大広間の正面に向かって右側に老中たちがすでに着座していた。それを見たタントは彼らに向かってお辞儀をした。

タントは直前に直允に教えてもらっていた指定場所に座った。直允はそのすぐ左後ろに座った。同じく大広間の左側にタントが綱吉のために持って来た献上品が陳列されていた。タントが前方を見上げたところ、十八〜二十畳先に一人の人物が座っているのがわかった。その人物が座っていた畳はタントや老中たちの座っている畳より半フィート（約一五センチ）ほど高くなっていた。

「この人物がまちがいなく将軍である。なぜなら、［その高くなっている畳のところに］ほかに人がおらず、私の隣に座っている老中たちはその方向を向いて座っているからである」とタントは頭の中で独り言を言った。その時に誰かが「オランダ・カピタン」と呼んだ。これを聞いて、タントは敬意の印として頭を下げた。これをもって、謁見は終了した。タントは立ち上がって、ほかのオランダ人と又次右衛門が待っていた控えの間へ戻った。

控えの間で、直允と重厚はタントの謁見の無事を祝福してくれた。ところが、控えの間に戻ったばかりのタントには寸暇の余裕も与えられなかった。将軍が母・桂昌院を訪問するためにオランダ人のいた控えの間を通る予定だったので、素早くその部屋から退出する必要があった。その知らせを受けたオランダ人は早速登城した時と同じ経路を辿って、江戸城を後にした。

余震に揺れる江戸

謁見を終えた後、タントは、側用人《そばようにん》や老中、江戸町奉行などの幕府高官の屋敷を訪れ、贈物を献上している。これには数日間を要した。ワーヘナールの場合と同様に、訪問時に各高官はつねに不在であったが、各屋敷でオランダ人はお茶やお菓子などでもてなされた。

謁見の翌日の四月三日にタントたちは京都町奉行・安藤次行《あんどうつぎゆき》の江戸屋敷を訪問した。家老が奉行に代わって贈物を受け取り、オランダ人を和菓子でもてなした。談話をしている最中にふたたび地震が起こった。「さほど強くないものだった」とタントは記録している。

タントたちが次に訪問した屋敷は、謁見にあたって段取りしてくれていた小幡重厚の上屋敷だった。オランダ人が着座した座敷には重厚もいた。ただ、彼は御簾《みす》で隔てられたところに座っていた。同じく御簾の陰に大勢の高貴な淑女たちも同席しているのがタントにはわかった。そこでもオランダ人は手厚いもてなしを受けた。

「お疲れだろうから、マントを脱いで、少し歩き回ったらどうか」と重厚がタントに提案した。この提案は淑女たちが御簾越しにオランダ人をじっくりと観察できるようにするための工作であろうとタントは感づいた。そこで、タントは「疲れてはいない」と言って、できるだけ丁寧に断った。しかし、それくらいのことでは重厚は容易に諦めなかった。今度は庭を見て回るようにと提案してきた。今度ばかりは断る言い訳が見つからなかったので、オランダ人は庭を見物したうえで、重厚の屋敷を後にした。

宿へ帰る途中でタントは江戸城の被害をさらに詳しく観察できた。「昨日通ったのとまた違う場所で、江戸城の石垣や門が多くの箇所で損壊しているのが見受けられた。また、同様に江戸城の多くの建物および櫓、そしてほとんどの橋が崩れ、倒壊していた。江戸城内の橋が崩れた時に、ちょうどその上にいたひじょうに有力な大名の正室が被災して、亡くなったという話を聞いた。しかし、誰のことなのかは教えてくれなかった」。この逸話は気になるものではあるが、誰のことであったのか、特定できていない。

長崎屋に戻っても、将軍への謁見を祝福してくれる訪問客が絶えなかった。幕府の医官・栗崎道有《くりさきどうゆう》をもてなした後にタントはふたたび地震を感じた。「今回は緩やか、かつ、なめらかな動きだった」とタントは記録している。

翌日の四日も幕府高官への訪問は続いた。なかには被災したため、オランダ人に対してまともに応対できないところもあった。例えば、大目付・松前嘉広はその屋敷が倒壊したため、友人の屋敷に泊まっていた。オランダ人が到着したところ、その事情を聞かされ、お茶だけが出された。

江戸在府の長崎奉行の佐久間信就の屋敷では、またもオランダ人の正面の御簾の後ろに淑女たちが着座していた。和食をごちそうになった後に、オランダの歌を歌ってほしいとの依頼が淑女たちの方から寄せられたが、タントは丁寧に断った。しかし、これでは淑女たちは満足しなかった。挙げ句の果てに、代わりに通詞がオランダの歌を歌うようにと命令された。通詞たちは仕方なく歌った。オランダの歌を知らない通詞たちが無理矢理に歌おうとした光景があまりにもおかしかったので、タントは笑いをこらえるのに必死だった。

いうまでもなく、「歌」は近世日本において上流階級の文化的交流の象徴であった。日本文化の素養がなかったタントには、そのような歌の意味がわからなかった。

一方、前述のとおり、戸塚宿でたいへんな目に遭ったにもかかわらず、新任の長崎奉行・石尾氏信の屋敷での応対は丁重なものであった。そこでオランダ人は豪華な和食でもてなされた。

このようにタントは両長崎奉行の屋敷へ赴いたが、その途中、江戸市街の被害を観察する機会を得た。「本日出かけた時に絶えず暴風雨にさらされていた。我々は広い荒野を通っていた。その荒野のあちらこちらには、簡素な避難小屋が造られていた。もともとは家々が建っていたが、それらは度重なる地震と火事によって倒壊していた。これは瓦礫などで察することができた。この荒野は長さと幅においてすべて視界が届かないほど広かった。大通詞によると、彼の見立てでは長さ・幅ともに五オランダマイルの広さである。少なくとも、そのように彼は聞いていたようである。町中にそのような荒野ができたそうである。このような不幸は驚嘆に堪えない」。

夜中の三時にタントはふたたび余震を感じた。タントの日記によると、この余震も「重くはなかった」。翌日も幕府高官への訪問は続いた。江戸町奉行・丹羽《にわ》長守《ながもり》の屋敷でオランダ人はまたしても御簾の後ろに座っている淑女たちから歌を歌うように依頼された。タントは丁寧に断ったが、同行していた又次右衛門の息子が代わりに歌った。前日と違って、「この若者は割合上手かった」とタントは感想を綴っている。

しかし、淑女たちの要求はさらにエスカレートし、タントが首につけていたレースのカ

図24　ヨハネス・カンプハイスの肖像画（アムステルダム国立美術館所蔵）。身につけているのはレースのフォーリング・カラーである。

ラー（襟）を外してみてくれないかと頼んだ。流行に敏感な女性にとって異国人が身につけている服飾品は興味をそそるものだったはずである。装飾的なカラーは十七世紀のヨーロッパの上流階級で流行っていた。現代で着用されているネクタイのような役割を果たしていた。一六七〇年代に長崎オランダ商館長を三度にわたって務めたヨハネス・カンプハイスの肖像画に当時流行していたカラーが見える（図24）。レースを使ったものであったため、かなり高価なものであった。

高価なものゆえに、タントは警戒し、「人びとの前で服を脱ぐことはオランダではよろしくないとされている」と答えて、丁寧に断った。その答えは淑女たちの好奇心を掻き立てた。「誰によってよろしくないとされているか」と淑女たちの一人は尋ねた。「我々の妻たち」とタントは思わず答えてしまった。御簾の後ろからは大きな笑い声が聞こえた。

二度目の登城

四月五日の夕方にすべての幕府高官への訪問がようやく完了した。とはいえ、長崎屋に戻ってもタントには落ち着く暇がなかった。東側の六ないし七町離れたところに大きな火事が起こった。強い南風が吹いていたが、風向きが変わることを想定して、タントはすぐ避難できるように荷物をまとめはじめた。長崎奉行・佐久間信就および石尾氏信の家臣たちが長崎屋に駆けつけた。そのすぐ後に永井直允の家臣たちも合流した。彼らは必要に応じてオランダ人を安全な場所へ連れて行くことを命ぜられていた。

幸いなことに、風向きは変わらなかった。しかも、今回火事が起きたのは先の震災によって荒野と化してしまっていた地帯であった。そのため、火事の被害はいくつかの仮設小屋だけに留まった。鎮火したことがわかった家臣たちは別れの挨拶をした。彼らが帰るにあたって、タントはその厚意に対する謝意を奉行たちにぜひ伝えてくれるようにと頼んだ。別れた後にオランダ人は荷物をふたたび解いて、床に就いたが、その夜、タントはよく眠れなかった。タントの江戸滞在中、火事が毎日のように起こった。いつ巻き込まれるかわからない。そんな不安がタントを神経質にしていた。

すべての贈物がそれぞれしかるべき幕府高官に献上され、タントにとって残る重要な関心事は、将軍から返礼品を下賜される二度目の登城がいつ許可されるのかということだった。しかし、その許可はすぐには下りなかった。なぜなら、ちょうどこの時期に綱吉は、慣例に従って、江戸城で朝廷からの勅使を応接していたからであった。

ようやく許可の知らせが届いたのは四月七日だった。翌日の朝十時にタントは、長崎屋に迎えに来た直允および嘉広とともに江戸城へ赴き、一回目の登城と同じ経路で控えの間に入った。そこでふたたび複数の大名の訪問を受けた。オランダ語で名前を書いてほしいとの依頼にタントは快く応じた。

そうしているあいだに直允および嘉広がふたたび迎えに来て、タントを大広間に案内した。老中の前に座ったタントに向かって、将軍からのオランダ人に対する命令が読み上げられた。又次右衛門はそれを通訳した。これは毎年くりかえされる慣例行事であり、主に、キリスト教を日本に普及しないようにという内容であった。

命令の読み上げが終わると、タントは、直允の指示に従って、ふたたび大広間から出た。しばらくして、ふたたび大広間に連れて行かれたタントの前には三つの大きな陳列台が置かれていた。各陳列台に小袖が十着ずつ置かれていた。これが綱吉からの返礼品であるとタントは聞かされた。タントは丁重にお辞儀して、謝意の証しとして一着の小袖の袖を自分の頭の近くへ持ち上げる動作を行った。この返礼品の受領をもって、帰る許可を得たことになる。

長崎屋に戻ったタントは早速長崎へ戻る準備に取りかかった。その日は雨が強く、強風が吹いていた。「夜中の十二時に突然ひじょうに強くかつ重い地震が来た。揺れは行き来して、その動きは交差していた。家は激しく動いた。この激しい揺れが収まっても、その後もひじょうに緩やかな揺れが夜中ずっとしつこく続いた」。

これはタントが江戸に着いてからもっとも激しい地震だったようである。地震によって火事もまた起こったが、長崎屋に向かう風ではなかったので、タントたちへの脅威はなかった。それでも、タントはこの夜まったく眠れなかった。

翌日の九日の早朝にも「ひじょうに重くかつ強い地震があった。当地では昼も夜も心配せずにはいられない」とタントは書いている。日中、余震が続いていた。「昼にもかなり強い地震があったが、短かった。そして、午後にもあった。それは弱いものだったが、長く続いた」との記録がある。

被災地を後にする

一刻も早く被災地から離れたいタントは出発の日程について又次右衛門に相談した。旅行の準備には後二〜三日かかるが、その後であればいつでも出発は可能だった。ところが、対馬藩主も十二日に出発する予定であるとの情報を入手した。同時に出発してしまうと、道中の定宿が使えない可能性があるので、相談の結果、十四日に江戸を出発することが決まった。

翌十日に、旅行の準備を続けていたところ、栗崎道有がふたたび長崎屋を訪問し、外科医ケステローﾄに西洋医学について、いろいろと質問した。西洋医学について学ぶよりも、ごちそうを受けることが訪問の真の目的ではないかとタントはいささかいぶかしく思っていた。翌日の十一日早朝にはふたたびかなり強い地震および火災が起こった。同日の昼にもタントは緩やかな地震を感じた。

十四日朝に出発の準備が整った。見送りに来た各奉行の役人に挨拶した後、タントは九時に江戸を発った。タントは内心ほっとしていた。日記に「神様の恩寵により、我々は災いから守られた」と綴っている。帰路の旅は順調だった。タント一行は五月十五日に無事に出島オランダ商館に到着している。タントの参府中、出島に居残っていたオランダ人は皆元気だった。

宝永元年能代地震

タントの帰崎後も、日本列島の地震活動は続いたようである。タントの日記の七月三日条には次のように記載されている。「日本の東北地方では、空に同時に三つの月が観測された後に、その地方でひじょうに激しく、かつ、とても強い地震が起こり、甚大な被害が引き起こされたとの噂が町中で流れているという話を聞いた」。

この時噂されていた地震というのは、おそらく一七〇四年五月二十七日に起きた、羽後・陸奥を震源地とする宝永元年能代《のしろ》地震のことである。タントが記している「空に同時に三つの月が観測された」というのは、この地震に発光現象がともなったことを指しているのだろう。

その三日後の七月六日にタントはより詳しい情報を入手した。それによると、加賀藩において激しい地震と火災および大津波が発生したという。「そこでは言葉で表せないほどの被害があった。加賀藩主が統治している秋田という町（これは日本の中でももっとも裕福な町であり、ここから数多くの必需品が全国に流通している）では、地震および火災があり、そして押し寄せる海から十人中に一人しか助からなかったとされている。これは三日条に記録した同地震のことであると言われた。このような重い災害がかくも長く続く国に滞在するのは十二分に恐るべきことである」とタントは嘆いた。

秋田が加賀藩の支配下にあるという記述は明らかにまちがいである。この情報をタントに伝えた通詞がそのような認識をもっていたのか、それともタントが聞きまちがえたのかは定かではない。また、『最新版日本被害地震総覧』(宇佐美龍夫著)によると、この地震で秋田領能代が壊滅的被害を受け、九割以上の家屋が倒壊あるいは焼失した。これらの情報を考え合わせると、タントが記録している「秋田」は「能代」のことを指しているのではないかと推測される。

商館長メンシングが見聞した宝永地震の災害

タントが日本を去った後も地震活動は続いた。商館長フェルディナンド・デ・ヒュロートは一七〇七年三月十四日に無事に江戸に到着した。デ・ヒュロートが同月二十三日に綱吉への謁見をおこなった際には、再建された「百人番所」を以前の通り、控え室として使用することができた。また、石垣の修復も完了していた。しかし、江戸滞在中にデ・ヒュロートは複数回地震を感じたと記録している。さらに、帰崎後の七月三十一日に、江戸で起こった強い地震を知らせる便りが届いた。「これだけ強い地震は二年間経験しておらず、多くの家屋が破壊された」とデ・ヒュロートは記録している。

一七〇七年十月にデ・ヒュロートと交代した後任のヘルマーヌス・メンシングは同月二十一日に激しい地震を感じた。地震に続いて津波が押し寄せて、長崎の道路を水浸しにした。かなり高いところにあった出島の水門の内側にあった広場も水浸しになった。日付はちょうど一週間のずれを示しているが、メンシングが記録しているこの地震は一七〇七年十月二十八日に東海地方から九州に至る広範囲に発生した宝永地震のことであると思われる。なぜこのような日付のずれが生じたのかは謎である。何らかの理由でメンシングの日記の日付が一週間ずれているのかとも思い、いろいろ調べてみたが、確定的な答えは見出せなかった。日付が一致しないとはいえ、メンシングの記録している長崎における地震と津波は、まちがいなく宝永地震の影響によるものであったとしか考えられない。

一七〇七年十月二十八日に発生した宝永地震は、元禄地震と並ぶ凄まじい力をもったものであった。そして、この地震によって生じた津波は特に大きな被害をもたらした。メンシングの日記の十一月二十九日条に、この地震と津波が起こした大坂での被害について次のとおりに記録されている。

「〔十月〕二十一日に大坂において、日本で記憶のあるかぎりかつてない強い地震があったという便りが彼の地から届いた。夜にひじょうに高い津波が続いた。その津波があまりにも急激に押し寄せて来たので、河口に停泊していたすべての大小の船は、錨が外れて、一マイル〔約三・八キロメートル〕ほど内陸に流れ込んでしまい、途中ですべての家屋と橋を潰した」。

さらに、メンシングは源右衛門から得た、大坂における被害状況についての詳細な情報を次のように記録している。「地震による大屋敷の倒壊六百三十棟。地震により潰れ、津波によって流され、船によって破壊された民家一万棟。瓦礫や倒壊した家屋の下敷きとなった男女子どもを含む圧死者三千六百二十五人、津波による溺死者一万二千人」。この情報は日本側史料（『大阪編年史』所収の史料を参照）とおおむね一致している。これ以降、メンシングの日記には宝永地震に関する情報は皆無に近い。タントの場合と違って、少なくとも、この災害は江戸参府についての決定にはあまり影響しなかったようである。

江戸参府を遂行するために一七〇八年二月六日に長崎から和船で出発したメンシングは、同月二十四日に大坂に到着した。メンシングは「大坂の川を遡る時に複数の箇所で、地震および津波による数多くの悲惨な破壊を目の当たりにした」と簡単に述べるに留まっている。

東海道に沿って江戸への旅行中の日記にも被害状況についての記録はほとんどみられず、簡潔な記述しかない。三月七日条には「地震、そして特に津波によって流され破壊された吉田、平塚およびほかの町を通った」との記述が見られる程度である。

メンシングが江戸に到着したのは三月十三日だった。江戸滞在中にメンシングは複数回ひじょうに強い地震を感じたと記録している。帰路についても、東海道沿いの被害に関する記録は少ない。唯一、メンシングは四月七日に白須賀《しらすか》宿（現・静岡県湖西市）の瓦礫のあいだを通った際、その宿場が別の場所に再建されたことに簡単に言及している。

以上のように、宝永地震は日本史上、もっとも強い地震の一つであったにもかかわらず、大坂の被害状況への言及以外にオランダ商館長日記にほとんど記録がない。情報収集の精度がその時々に在任中の商館長の性格に大きく影響されることは確かである。たとえば、神経質なタントは見聞したことをすべてきめ細かく記録せずにはいられなかった。一方、メンシングはタントと対照的に地震などの災害にはあまり関心を示さなかったようである。

第四章　商館長ハルトヒと肥前長崎地震

商館の庭に避難するオランダ人

宝永地震の後も、オランダ商館長日記には毎年のように長崎での地震活動についての記録が見られる。たとえば、商館長ヨハネス・テーデンスの日記をみてみると、一七二三年十二月十九日条に「一時間おきに強い地震を感じた」との記録があり、その翌日の二十日条にも「ふたたび一連の地震を感じた」との記録がある。この地震について『最新版日本被害地震総覧』で調べてみると、確かに十九日に肥後(現・熊本県)・筑後(現・福岡県)を震源地として発生した地震の情報がある。しかしながら、オランダ商館長がこの時期に記録した地震の多くは、日本側史料において該当する情報がみられない。

特に、一七二五年十月に商館長に就任したヨアン・デ・ハルトヒが経験した、半年間以上にわたって続いた地震については、日本側史料においてあまり詳細な情報が見当たらない。なお、このハルトヒという人物について東インド会社文書を限なく調べたが、ほとんど情報が得られない。唯一知られているのは、彼が一七二五年十月から一七二六年十月までで一回だけ長崎オランダ商館長を務めたことのみである。しかしながら、彼は日本で経験した地震について自分の感情を詳細に記録しているので、本書にとっては欠かせない人物である。

ハルトヒは日本で経験した最初の地震について、次のように書いている。「一七二五年十月三十一日の夜二時に当地で恐ろしい地震を感じた。すべてがひっくり返されると思った。日本人によると、このような強い地震は六十年のあいだに経験したことのないものであるという。朝も地面が継続的に動いていた」。

前任の商館長テーデンスはこの時すでに長崎から出帆し、沖に出ていた。船の上でも地震を感じたので、急遽小舟でハルトヒ宛に書状を送り、船が無事であると伝えた。ハルトヒは出島においても被害はないと返事を送った。通詞たちと乙名もハルトヒの安否を尋ねに来た。ハルトヒは彼らの気遣いに対して礼を述べた。

その後も毎日弱い地震が続いた。そして、十一月十日の朝八時にふたたび「恐ろしい地震が起こった」。最初の揺れで食糧倉庫の壁が倒壊し、そのほかの建物もすべて倒壊しそうな様子だった。恐怖を感じたオランダ人は皆庭に避難した。結局、オランダ人は揺れがようやく収まる夜までそこで過ごすことになった。

ハルトヒはすぐに被害状況を調査した。調査の結果、上述の食糧倉庫および「ドールン」と名づけられた大きな倉庫が被害を受けただけで済んだ。被害が恐れていたほど深刻ではなかったことを知ったハルトヒは神に感謝した。

ここで出島の様子について簡単に説明したい。図25は、江戸後期長崎の絵師・川原慶賀《かわはらけいが》

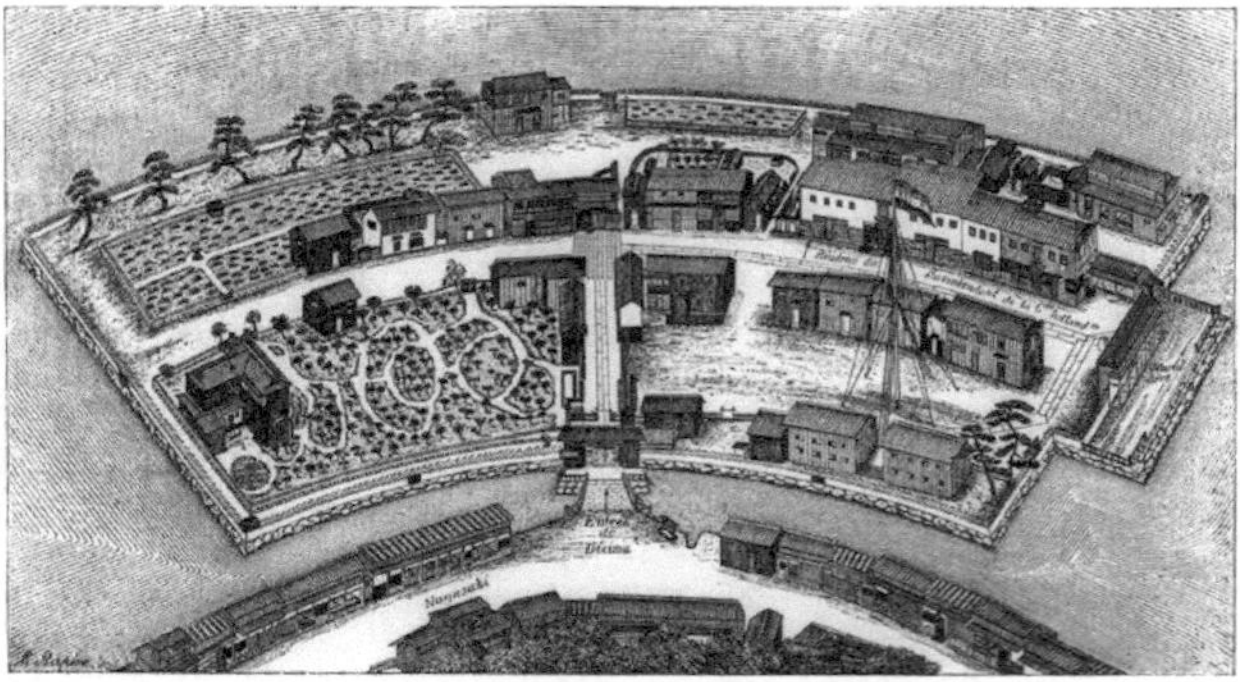

図25　日本開国前の出島絵図（エメー・フンベール編『日本絵図』1870年刊、国際日本文化研究センター所蔵）

が描いた出島の鳥瞰図である。江戸後期の出島図ではあるが、ハルトヒが出島にいた頃の様子とほぼ変わらない。江戸参府の時以外に、オランダ人はこの人工島に隔離されていた。幅約二〇〇メートル、奥行き約七五メートルで、面積は約一万五〇〇〇平方メートル、つまり約四五〇〇坪であった。たとえるなら、東京ドームのグラウンド部分とほぼ同じ面積である。

図の中央下に石橋と門が見える。この門には奉行所の門番が詰め、つねに警備していた。通詞たちや商人、遊女などがこの門を通って出島に出入りしていた。左側に庭がある。右側手前に二つの大きな倉庫が建ち並んでいる。右の倉庫が「レリー」、左は「ドールン」と呼ばれていた。なお、右奥の大きな建物は商館長の住居である。その住居は、図では島を左右に横断する大きな道路に面している。この道路の両側に沿って商館員の家や倉庫が建ち並んでいた。

話をハルトヒの日記に戻す。二日後の十二日に地震活動が再開した。あまりにも激しい揺れが続いたので、ハルトヒは怯えて、ほかのオランダ人とともに建物から逃げ出し、ふたたび一日中庭で過ごす羽目になった。揺れはずっと続いていた。大きな被害はなかったが、地震活動はハルトヒを不安に陥れた。この状況で「建物のなかや路上にいることは安全ではない」とハルトヒは考えた。

翌日も揺れが続いたが、前日ほど強くはなかった。「神がこの状況を早く終息させてくれるように」とハルトヒは祈った。十五日にようやく揺れが収まった。ハルトヒは日記を記す時にその喜びを隠せなかった。大きな被害がなかったことを彼はふたたび神に深く感謝した。しかし、十八日早朝にふたたび地震があった。地震がこれだけ長く続くのを日本人も経験したことがないと通詞から聞いたハルトヒは、ふたたび不安に襲われた。「神がその慈悲をもって我々を守ってくれるように」と日記に綴っている。

地震活動はその後も毎日続いていて、二十一日の時点で食糧倉庫、二つの大きな倉庫のうちの一つ「ドールン」、そして調理小屋が片側に傾いたままの状況になっていた。ハルトヒは「地面が動かなくなり次第、これらの不便を改善する予定である」との心積もりをしていた。

二十五日早朝の四時に、さらに六時にもふたたび強い地震が発生した。「すべての日本人が主張するところでは、日本国においてこのような長期にわたる強い地震はいまだかつて書籍に記録されていないし、人間の記憶にも残っていない」とハルトヒは書いている。

ここでハルトヒは考え込んだ。「もしも、母国〔オランダ〕あるいは〔オランダ東インド会社のアジア本部が置かれているインドネシアの〕バタフィアにこのような激しい地震が起これば、すべての大きな建物は倒壊するだろう。しかし、日本人によると、当地の建物は、地震に対応して造られている。私はこれをこの地震でじゅうぶん観察できた」とハルトヒは日記に記している。

それでも、オランダ商館では多少の被害が出た。ハルトヒはその被害状況について、次のとおりに記述している。「当地出島におけるすべての建物は〔地震活動の〕長期化によって損傷している。ある建物はほかの建物より被害が大きい。私が寝ている部屋は二フィート〔約六〇センチ〕も傾いた」。

寝室の傾きについては、この時点ですでに日本人の大工によって修理されていた。「日本人の大工は破損したものをそのあたりにあるちょっとしたもので巧みに修理できる」とハルトヒは感心している。「しかし、彼らが会社の倉庫や建物を造ったり、修理してくれる時には、たっぷりと支払わなければならない」と付け加えている。

五島列島の甚大な被害

その後も地震活動は収まる気配を見せなかった。二十八日に通詞たちは乙名と出島オランダ商館の日本人の家主たちとともに出島の被害状況を調査しに来た。特に倉庫「ドールン」はかなりの修理を要することが判明した。しかし、地震活動が収まらなければ、修理に着手できない。その日の夜だけでも三回も地震が観測されたようである。

通詞によると、「この地震は五島列島に大きな被害をもたらした。具体的には、山崩れが起こり、また、津波が多くの人びとの命を奪った」。これを聞いたハルトヒは、五島列島の方が出島よりも揺れが強かったのだと考えた。

この地震について通詞はもう一つの重要な情報をハルトヒに伝えた。それは「大村では地震は観測されていない」ということだった。ハルトヒはそれを妙に思った。「彼の地は我々の出島からわずか十時間の距離しか離れていないにもかかわらず、この強い地震は彼の地の住民にはまったく感じられなかった」と彼は驚きを綴っている。この情報が正しければ、地震の規模は限定的だったと推測される。実際、先行研究においてこの地震はマグニチュード六と推定されている（『最新版日本被害地震総覧』）。

地震によるオランダ商館の被害に関する報告を受けた長崎奉行・日下部《くさかべ》博貞《ひろさだ》は直ちに大工たちを出島へ派遣するように命令を下した。十二月九日に出島を訪れた大工たちは、オランダ人とともに「ドールン」および「レリー」両倉庫の被害を調査した。「レリー」の被害は限定的だったが、「ドールン」は「複数の箇所でひび割れがあり、屋根が損傷し、壁が剝がれ落ちていた」。修理に経費がかさみそうであり、ハルトヒは会社のためにできるだけ安く済むように交渉するという決意を日記に書き留めている。

絶望と神頼み

十二月十一日条で「このような恐ろしくて、長引く地震は日本では経験したことがない。地面の揺れは三十六日間止んだことがなかった」とハルトヒはふりかえっている。ようやくこの頃から地震活動は弱まってきた。希望を取り戻したハルトヒは、神に感謝を捧げた。ところが、十四日の朝七時にふたたび強い地震があり、二回の余震が続いた。その一時間後に強い北西風が吹き、ぞっとするような雷雨が降りかかってきた。地震活動が終息に向かったと思っていたハルトヒには大きなショックだった。

十九日朝九時にふたたび強い地震が起こった。ハルトヒはこの時の心中を次のように記述している。「揺れがあまりにも強かったので、我々皆は屋内にいるのがひじょうに怖くなった。というのは、この最後の揺れは前回のものとほぼ同じくらいに強かったからである。人びとが生涯で経験するもっとも恐ろしい苦難であると言わざるを得ない」。このように、地震活動が依然として続くので、ハルトヒはひどく落胆し、ふたたび神頼みに走るほかなかった。

夕方にふたたび余震があったが、朝に起こったものほど強くなく、長く続かなかった。この余震と同時に雷雨と稲妻、そして強風も起こった。通詞は、この天候は地震が終息する印であるとハルトヒに対して主張したが、ハルトヒにはそれが信じられなかった。

翌日に長崎で大火事が発生した。風向きにより火が出島に近づいたので、ハルトヒにふたたび不安が襲いかかった。オランダ人はすぐさま商館の書類を避難させる準備を始めた。そのあいだに通詞たちと乙名たちが出島に駆けつけた。また、火が出島に入るのを防ぐために出島の門前に大勢の役人たちが集まった。運良く、火は出島に着く前に消し止められた。

このことでハルトヒの不安は喜びに転じた。このように感情の起伏が激しくなっていることについて、ハルトヒは「我々が今いる国においてこれらすべての悲しい出来事がつぎつぎ起こる体験は言葉で伝えられない」と日記で弁明している。

通詞によると、商人の町屋二十五軒が焼失したらしい。この火災について日本人がひじように陽気に話すことを妙に思ったハルトヒは、「財力のより少ない人びとなら、その被害は耐えられないものだったにちがいない」と書いている。つまり、焼失した町屋の持ち主たちは裕福で、再建する財力があるから、被害をあまり苦にしていないのだろうとハルトヒは考えているのだ。彼はタントと同様に、日本人の不幸に対する忍耐強さの素質を理解していなかったようだ。

夜中に長崎でふたたび火事が起こったが、被害は二軒の町屋の焼失に留まった。以後、雹《ひょう》や雪嵐が一週間続いた。この悪天候を火鉢の前で凌いでいたハルトヒを通詞・今村源右衛門と名村五兵衛《なむらごへえ》が訪ねて来た。彼らは安心するようにとハルトヒを励ました。通詞たちによると、すでに七日間連続して地面の揺れがなかったので、地震活動は終息するだろうということだった。

通詞たちはその根拠について「ここ数日間、激しい雷や稲妻が走り、強風があり、雪や雹が降ったので、すべての揺れが消えるだろう」とハルトヒに説明した。この説明を奇妙に思いながらも、ハルトヒは丁寧に謝意を示し、「ようやく終息することを知り、私は嬉しくて、安心した。というのも、この恐ろしいものは五十日もの間、昼夜断続的に続いたからである」と通詞に述べた。

しかし、地震が止むことはなかった。翌二十七日の早朝四時に、また午後および夜にも、三回にわたって激しい地震が発生した。「地震活動の終息に関する通詞たちの理論は、悲しいことに、本日ふたたび覆された」とハルトヒは日記に綴っている。

ハルトヒは次第に絶望しはじめた。商館の公務日記であるにもかかわらず、「読者」に向かってその心情を次のように感情的に述べている。

「どれだけぞっとさせるものであるのか。信じられないかもしれないが、すべての家や建物が崩壊せず、かつ、我々の身体に落ちてこないという保証が一瞬たりともない。ほかの国では地震は静かな時に起こるが、当地では嵐が吹き、雹や雪が降り、雷雨と稲妻が起こり、そのうえに激しい地震が加わる。我々が当地でどんなに楽しく過ごしているのか皆に考えてもらいたい。神の慈悲に祈りを捧げ、神に頼る以外ない。というのも、これは人間の理性をはるかに越えているからである」。文中の「楽しく」はあくまでも皮肉的表現である。絶望するハルトヒの心情をよく表現している。

十二月二十九日と三十日にも強い地震を感じている。これまで通り、日記には絶望と神頼みが綴られている。

オランダ人のテント生活

一七二六年元旦にオランダ人は皆商館長の家に集まり、新年を祝った。その後に乙名、目付、通詞たちと多くの通詞見習いがオランダ商館を訪れ、新年の挨拶をした。皆の前でハルトヒは謝意を表し、「東インド会社の高価な商品をもう少し高い値段で購入していただきたい」と付け加え、日本人のあいだに大きな笑いを引き起こした。

このような和やかな雰囲気のなかで宴会がおこなわれた。前日に出島の出入り業者によって届けられた魚や、ウサギなどのジビエ料理のほか、さまざまな種類のワインが出された。日本人は大満足した。しかし、日記では祝賀の記述のなかにもなお地震への不安が長々と記されている。この不安はハルトヒの心の状態を大きく左右した。

以後もハルトヒの日記には、ほぼ毎日弱い揺れへの言及がある。悪天候もあいかわらず続いた。また、一月十二日に起こった強い地震はハルトヒをふたたび呆然とさせた。このような状況のなかでは「気楽に就寝するのも怖い」とハルトヒは日記に書いている。

十三日になって、ハルトヒはとうとう我慢の限界を超えた。早朝五時に「恐ろしいほどの強い地震」が発生した。「我々は、突然あまりにも猛烈で強い地震を感じたので、出島中にあるすべての家と倉庫がひっくり返ると思った。なぜなら、この最後の揺れは前回の揺れを大きく上回ったからである」とハルトヒは記録している。

びっくりしたハルトヒは、すぐさまベッドから起き上がり、一階に降りて、路上に出た。その場で呆然として立ちつくしているところに、商務員デ・ラーフェルおよびほかの商館員たちが怯えた様子で集まってきた。まだ薄暗く、雪が降るなかでオランダ人は相談し合い、危ないので建物に戻らないことに決定した。

木の下に避難していたオランダ人たちは厳しい寒さを凌がなければならなかった。夜が明けても、まだ揺れが続いた。また、山の方から雷のような重い音が響いてきた。被害状況を把握するために、ハルトヒはデ・ラーフェルと数人の助手を倉庫の方へ派遣した。すぐに戻って来たデ・ラーフェルの報告によると、倉庫「レリー」は思っていたほどの被害はなかったが、倉庫「ドールン」については、「屋根が落ち、壁が倒壊し、悲惨な状態だった」。また、「レリー」の後方の地面には地割れがみられた。

地割れの報告を受けたハルトヒは結局自分の目で被害状況を確認しに行った。庭に戻ったオランダ人は互いに協議した結果、数日間そこで過ごせるようにテントを張ることに決めた。というのも、ここに至って、「出島の住居はガタガタになっていて、怖いほど脆弱になっていた」からであった。

以上の地震の状況を記述し終えたところで、ハルトヒはふたたび日記の「読者」に向かってこの状況下での生活がどれだけ惨めであるかについて長々と訴えている。そして、すでに七十四日間も続いている地震がまもなく終息してくれるよう、ふたたび神に祈りを捧げている。オランダ商館長日記は書記によって写本が作成され、その写本は東インド会社のアジア本部があるバタフィア、そしてさらにオランダ本国へ送付されていた。つまり、ハルトヒが想定していた日記の「読者」は東インド会社の上層部だった。

その夜、オランダ人は皆、庭に拵えたテントのなかで寝た。翌日にハルトヒは通詞から長崎の被害についての情報を得た。それによると、唐人屋敷で一棟の倉庫が倒壊した。また、長崎の町中でも複数の住居や土蔵が倒壊し、死傷者も多数出た。その日の日中、緩やかな揺れが続いた。

以後、揺れが断続的に続いたので、オランダ人は昼夜ともに庭で過ごした。通詞たちは、商館長の家を訪問する代わりに、毎日庭でハルトヒと面会することになった。十六日にハルトヒは通詞から災害に関する新しい情報を入手した。それによると、筑前（現・福岡県）は大きな火災に遭い、町の大部分が焼失した。また、唐津も三分の二が焼失し、多くの人びとが命を落としたという。この火災が地震活動に関係があったかどうかは未詳である。

被災最中の江戸参府の準備

地震のことで頭がいっぱいになっているハルトヒの心配をよそに、通詞たちは江戸参府の準備に取りかかった。江戸参府への同行担当に任命された奉行所の二人の役人が、ハルトヒに挨拶するために出島を訪れた。この時、通詞の強い要望に応じて、ハルトヒは仕方なく商館長の家で両役人を応接した。ただ、両役人が帰った後は、すぐに庭のテントに避難した。ちなみに、日記によると、その日は揺れがなかったようである。ハルトヒと日本人とのあいだには危機感に関する認識のずれがあったようである。

この年、長崎は断続的に雪が降り、二フィート（約六〇センチ）も積もっていた。外は凍りつくような寒気であった。それでも、オランダ人は倒壊を恐れて、住居に戻ろうとしなかった。そのあいだにも、通詞たちは江戸参府の準備を着々と進めた。彼らは将軍や幕府高官への献上品を倉庫から取り出し、整理していた。呆然として何も手につかないハルトヒはあまり積極的に介入せず、すべてを通詞に任せた。

二十六日の夜中に盗賊が出島に侵入し、倉庫をこじ開けようとしたところ、日本人の見張り番に見つかった。盗賊は捕り逃したが、盗まれたものはなかった。倉庫に保管されていた献上品はすでに荷造りされ、別の場所に移されていた。「この冬の厳しい寒さのために長崎で多くの人びとは貧困に陥り、貧窮のゆえに犯罪に手を染めている」とハルトヒは日記に記している。

それ以降もハルトヒの日記には、ほぼ毎日のように強弱の地震についての記録があり、「もう一度大きな地震が起これば、すべての住居と倉庫が確実に倒壊する」という恐怖心を抱いていたため、オランダ人はテント生活を続けた。ただ、通詞や奉行所の役人との面会だけは商館長の家でおこなわれた。

一七二六年二月二日は日本の旧暦の元日に当たるので、この日、乙名をはじめ、通詞などオランダ商館に関係のある日本人は皆、習慣に則って、晴れ着をまとって、ハルトヒに挨拶に来た。商館長の家で用意された焼き菓子やジャム、ワインを飲食した後、日本人は満足そうな顔で町へ戻った。

江戸参府の準備の一環として、オランダ船が舶載した馬三頭が前もって江戸に向けて送られていた。四日に、馬が無事に江戸に着いたことを知らせる長崎奉行・日下部博貞からの伝言がハルトヒに届いた。これらの馬は第八代将軍・吉宗によって注文されたものだった。届けられた馬を見た吉宗はたいへん満足していたという。

大工との交渉

二月に入っても地震は断続的に続いた。十日条に「地震活動が続いて、我々が絶えず恐怖にとらわれている状態はすでに百日にもなる」とハルトヒは書いている。オランダ人はあいかわらずテントで過ごしていた。

その二日後に日本の大工たちが両倉庫を調査しに来た。大工といっしょに倉庫を見に行ったハルトヒの目に悲惨な状況が映った。すべての壁が剝がれ落ち、屋根の瓦はバラバラに飛び散り、木組みも外れていた。

翌日にふたたび強い地震が起こり、「ドールン」の屋根が完全に落ちてしまい、正面の壁も崩れた。大がかりな修理が必要となり、大工から提示された見積額は二〇〇〇銀両に上った。一銀両は一〇匁であり、本書の第一章で示したように一匁を二〇〇〇円で計算すると、現代のお金で約四〇〇〇万円になる。半壊状態の大きな倉庫二軒、食糧倉庫一軒、調理小屋の修復代金の合計金額としては妥当に思われる。しかし、会社の利益を第一に考えるハルトヒにとっては大きすぎる金額であった。

彼はほかの商館員たちと相談し、修復代金を値切ることに決めた。値段を下げてもらう交渉にあたって、ハルトヒは自分たちオランダ人が被災者であるという説得力に乏しい口実を用いることにした。翌日、その口実を使うよう通詞に口うるさく言ったが、聞き入れてくれなかった。通詞はすでに値下げ交渉をしていたが、その努力は実らなかったらしい。気の弱いハルトヒはすぐに折れて、請負契約書に署名した。

ハルトヒの江戸参府

二月二十二日に和船に乗って長崎を発ったハルトヒは、同日に小倉に到着した。ハルトヒが小倉の宿主に地震について尋ねたところ、「地震は確かに感じたが、聞いたところでは長崎ほど強くなかった。また、長崎ほど長く続いていなかった」と宿主は答えた。長い間にわたって長崎であれだけ強い地震を感じていたハルトヒはこの答えを妙に思った。

その後の江戸参府の旅は順調に進んだ。ハルトヒが江戸に到着したのは三月二十七日だった。その四日後の三十一日の朝六時にハルトヒは江戸城へ赴き、九時過ぎに吉宗への謁見が実現した。

四月二日に通詞・名村五兵衛が、今回の江戸参府に同行していた馬術師ハンス・ユルゲン・ケイゼルを江戸城に連れて行った。夕方に宿に戻って来たケイゼルは、江戸城でオランダ人が輸入した馬や日本の馬で馬術を披露させられたとハルトヒに報告した。

吉宗は大の馬好きで、将軍在任期間中、洋馬の輸入をオランダ人にたびたび要求している。ハルトヒがこの年、江戸に馬を送ったのも、馬術師を江戸に連れて来たのも、吉宗の要求に応えるためだった。

馬術師ケイゼルはその後も数回江戸城で、多くの幕府高官や淑女たちの前で馬上術を披露することになった。吉宗はこれに大満足した。船での運搬の際に馬の世話が整っていた御礼として、ハルトヒは丁銀五十枚をもらい受けた。ケイゼルはその実演の褒美として三十枚をもらい受けている。

五日に将軍の継嗣・家重《いえしげ》の屋敷を訪れる準備をしている最中、ハルトヒは地震を感じた。「三分も続くひじょうに長い地震」だった。「しかし、長崎で経験したような激しい揺れはなかった」とハルトヒは記録している。

家重の屋敷では、祖国オランダの舞踏を披露するように要求されたが、ハルトヒは固く断った。次に「オランダでどのように剣を振るのか、馬術師ケイゼルに披露させてくれないか」と要求されたが、「剣は持っていない」とハルトヒが答えたところ、竹刀を渡された。ケイゼルは、覗き穴のある障子の後ろで見ていた家重と吉宗の前でフェンシングの突きの実演をやってみせた。さらに、例年のごとく、紙にオランダ語の文字を書かされた後、和食でもてなされた。「わりと美味しかった」とハルトヒは感想を書き残している。このように充実した江戸滞在の後、ハルトヒ一行は四月十一日に江戸を発った。

肥前長崎地震の終息

五月十三日に長崎に帰着したハルトヒはまず、不在中における長崎での出来事を把握するために出島商館で留守を預かっていたデ・ラーフェルのつけていた日記を閲読した。現存しているこのデ・ラーフェルの日記を読んでみると、ほぼ毎日地震に関する記録が掲載されているので、その後も地震活動が継続していたことがわかる。

そのような状況にもかかわらず、デ・ラーフェルは、オランダ人が二ヵ月間生活したテントを解体し、住居に戻ることを突如として決定している。それはハルトヒが出発したほぼ一ヵ月後の三月二十四日のことであった。彼はおそらくハルトヒほど心配性ではなかったのだろう。

なお、地震活動が続いていたにもかかわらず、日本の大工によって各倉庫の修復作業が進められ、ハルトヒが長崎に戻った時にはほぼ完了していた。

ハルトヒの帰崎後の日記には地震に関する記述が激減している。六月十三日条に「江戸から戻った後に地震を経験したのは四回だけだった。地震活動が弱まっているようである」と記述している。また、翌日の条に「早朝四時にふたたび強い地震を感じたので、昨日の私の希望的観測は尚早だった」との記述が見られるが、その後ハルトヒの日記における地震への言及は、管見のかぎり、七月十八日条、八月二十八日条および三十日条のみに留まっている。

七月二十日に二隻のオランダ船が長崎に到着した。両船の運んできた積荷が陸揚げされた。次の三ヵ月はその積荷の売却の交渉に費やされた。ハルトヒはできるだけ多くの銅を日本から輸出したかった。一方、日本側は銅の輸出をできるだけ制限しようとした。ハルトヒは最終的に銅八千六百箱を入手した。これは目標としていた数字よりもはるかに少なかった。任期中、地震に怯えて日々を過ごしたうえ、商売の目標を達成できなかったハルトヒは、暗い気分でオランダ船アーデラール号に乗って十月十五日に日本を去った。その後、日本に来航することはなかった。

【解説】

オランダ商館長の日記が優れている点は、九州の北西部での地震活動についての貴重な記録を残しているところである。

この地域は地震の多い日本の国内でも比較的地盤の安定した地域とされる。わたしも玄界灘に浮かぶ沖ノ島に渡るにあたって、海岸べりの十八世紀の石造物が津波にも流されず、地震で倒されたあともなく、無傷でそのまま立っているのに驚いた記憶がある。

記録を紐解いてみると、一七〇〇年に壱岐・対馬付近でマグニチュード七の大地震があり、壱岐・対馬で被害が大きく、対馬藩宗家の記録するところなどによって、家屋や石垣の損壊の様子を知ることができる。それから一七九二年に島原半島の雲仙普賢岳の噴火活動が盛んになって、有感地震がたくさん起き、第六章に登場する島原大変肥後迷惑といわれるような眉山《びざん》の山体崩壊が起きた。

この一七〇〇年地震と一七九二年地震のあいだに起きた九州地方の被害地震に

ついては、今日、情報が少ない。しかし、この一七二五年の地震は一年近くにわたって八十回以上の有感地震をもたらしたとされており、この地域の揺れの顔つきを知るうえでもきわめて重要な情報となっている。雲仙普賢岳の周辺の地震もそうであるが、たまに起きるこの長崎地域の地震は、長期にわたって余震が群発し、継続する傾向があるのかもしれないし、もしそうであるなら、日本有数の観光地であるこの地域が一度地震に襲われた場合に、その地震がどのような経過をたどって、いつまで続いて終息するのかという問題についても、オランダ商館長の記録はわれわれに貴重な情報をもたらしてくれているといえよう。（磯田）

災害列島というイメージ

本書でこれまでに取り上げてきた地震は、オランダ商館長日記に記録されている地震のうちのほんの一部である。十七〜十八世紀のオランダ商館長日記にはほぼ毎年地震の記録が見られ、すべての地震記録を数え上げるならば、数百回に上るだろう。

そのなかには、単に「地震を感じた」という記述に留まるものもあれば、ハルトヒの記した日記のように、その時の心情が長々と書き記されるものもあった。そして、これらの記述に共通してみられるのは、オランダ人が恐怖を抱く状況で日本人の示す陽気さがつねに際立っていることだ。

このような両者の反応の差は、本書第一章の主人公であるワーヘナールの日記によく表現されている。ワーヘナールが二度目に江戸に滞在していた一六五九年四月二十一日に地震が起きた。ワーヘナールはその状況を次のように記述している。

「午後になって、〔長崎奉行・黒川〕与兵衛は自分の屋敷に来るように〔通詞に〕伝えさせた。我々が〔出向くために〕着替えている時にあまりにも恐ろしくて長い地震があったため、すべてがくだけて、折れて、倒壊すると我々は思った。このような神の力強い行為に対して我々があまりにも動揺し、びっくりしたのを見た日本人は笑い出して、『オランダ人たちがどんなに怯えているかをみてごらん』と言った」。

この文章からは、普段は冷静沈着なワーヘナールでさえ、地震を実際に経験したところ、驚き仰天したことがわかる。それに対して日本人はきわめて冷静であり、オランダ人をからから余裕さえ持ち合わせていたように見受けられる。

前述したように、オランダ商館長日記は写本がオランダ本国にも送付されていた。しかし、当時、これらの写本は東インド会社の重役の目には触れても、公にされることはなかった。それでも、いくつかの日記の写本は商館長が個人的にこっそりとオランダに持ち帰り、何らかの経緯で出版社の手に渡ることもあった。

図26　江戸の地震（『オランダ東インド会社遣日使節紀行』1669年刊、国際日本文化研究センター所蔵）

十七世紀の半ばに複数の日記を入手したオランダ人の執筆家モンターヌスは、それらを『オランダ東インド会社遣日使節紀行』の題で刊行した。同書において、一六四三年に日本に漂着し、江戸に移送されたウィレム・バイレフェルトの日記の十二月七日条における地震の記録が、次のように引用されている。

「急に地面が揺れ始めた。格子梁がゆがみ、梁および天井が下に落ち、揺れが最も強く打ち当たったところで内壁が互いに向けて、あるいは外に向けて倒れた」。

『オランダ東インド会社遣日使節紀行』の挿絵を作成したオランダの画家

は、この地震の記述に注目し、「江戸の地震」と題する絵画でこの場面を劇的に描写した(図26)。

ただ、この絵には、バイレフェルトの日記のみならず、モンターヌスが引用しているほかの日記やイエズス会士の書簡などからの地震に関する情報がすべて盛り込まれたようである。この絵のなかでは地震と同時に火山噴火が起こり、地割れや津波も見られる。このような劇的な描写を通じて、日本は災害列島であるという強烈な印象がヨーロッパの読者に伝えられた。

第五章　商館長ファン・レーデが記した京都天明の大火

父子の絆

冷静沈着なワーヘナール、神経質なタント、そして不安性のハルトヒとくらべると、本章で取り上げる商館長ヨーハン・フレデリック・バロン・ファン・レーデ・トット・デ・パルケレールは、これら先任の商館長三人とはまた異なる性格の持ち主であった。ファン・レーデは江戸期日本に来航した数少ないオランダ貴族の一人である。彼はファン・レーデ家の子孫であり、男爵の称号を有していた。父はオランダのフェールウェ地方で有力な地方貴族であった。

次男だったファン・レーデは一七七五年に十八歳の若さで東インド会社に就職して、アジアへ赴いた。地方貴族が東インド会社の職員としてアジアへ行くのは珍しいことだった。ファン・レーデの就職が父の友人であった在アジア東インド会社評議員ヨハネス・フォスによる推薦に応じたものだったことは、父とフォスの文通からわかる。

ファン・レーデ家の父と息子とのあいだの文通が現存しており、現在オランダ王立図書館に保管されている。この文通から、ファン・レーデの性格、そしてアジアへ赴いた動機を窺い知ることができる。

まず文通全体の傾向として目立つのは、ファン・レーデがバタフィアに着任してからの最初の数年間分については、父からの書状が何通もアジアにいる息子宛に送付されたのに対して、息子からのオランダにいる父宛の書状が少ないことである。父の書状の内容からは息子への思いやりが浮かび上がる。そこにはおせっかいとも言えるほどきめ細かい内容が含まれている。堅実で質素倹約な生活をするようにとの父からの忠告をかえりみず、息子の方は、散財・放蕩生活を送っていたようである。

どうやら、ファン・レーデがアジアに赴いた理由には、厳格で口うるさい父と距離を取って、自分自身で道を切り開こうとした節があった。それでも父は息子のためにあらゆる有力者に声をかけて、ファン・レーデの出世を後押しした。

一方、息子は、東インド会社の商品すり替え事件に巻き込まれ、その責任を負わされた。損害賠償は父が代わりに支払う羽目になった。それでも、父の友人たちの後ろ盾でファン・レーデはバタフィアで少しずつ出世していった。この後ろ盾への依存とそれと真逆の本人の自力での出世志向が組み合わさった性格は、同僚たちにとって「高慢」に映った。

しかし、一七八五年に決まった長崎オランダ商館長就任はファン・レーデの態度を大きく変化させた。この人事決定後に父宛の書状が急増する。長崎オランダ商館長就任は東インド会社における出世コースの重要な一段階だった。そのうえ、個人貿易で富をも手に入れられるポストでもあった。就任の喜びを分かち合うためにファン・レーデは一七八五年六月二十八日付で父に特別に書状を送っている。

また、出島に到着した後の十一月二十七日付の父宛書状で、ファン・レーデは日本に無事に着いたことを伝えるとともに、将軍への謁見に対する期待を表明している。「東インド会社の名の下で将軍〔徳川家治《いえはる》〕、その後嗣〔徳川家斉《いえなり》〕およびほかの幕府高官に対して贈物を献上するために、大使として書記と外科医とともに二月に江戸の将軍の宮廷へ赴く予定である。ついでに京都所司代と大坂の町奉行にも贈物を献上する。この参府は部分的に海上で、部分的に陸上で威風堂々とおこなわれ、最低でも三ヵ月半の期間を要する」。

貴族であるファン・レーデにとって「大使として」日本の君主に謁見できることは特別な意味を持っていたにちがいない。ついに、翌一七八六年の四月十三日に家治への謁見が実現した。ファン・レーデは、江戸城で幕府高官によって慇懃《いんぎん》に応対され、将軍と若い後嗣が立っている姿を間近で見る機会に恵まれたと商館長日記に誇らしく綴っている。

毎日の火事

ファン・レーデが謁見のために江戸に滞在しているあいだ火災が頻発した。江戸参府途中、兵庫の沖で停泊していた時すでに、二月十七日と二十一日に複数の火災が江戸を襲ったという便りがファン・レーデに寄せられていた。二十一日の火災は二日間も続いたらしい。

三月三日に大坂に到着して、ファン・レーデはより詳細な情報を入手できた。江戸では、前述の火災によって幅二マイル、長さ三マイルの区域のすべての住居と建物が灰と化した。オランダ人が毎年泊まっている長崎屋も焼失したらしい。さらに、その夜に、去る二十五日にもふたたび二日間続く火災が起こったという便りが届いた。

東海道に沿って江戸へ向けて進んだファン・レーデは、箱根で自ら日本の自然災害を経験することになった。この時期、箱根周辺で強い地震が断続的に発生し、山崩れも起きていた。小田原へ向けて下山した三月二十四日の夜六時と七時のあいだにファン・レーデは二回にわたって強い揺れを感じた。さらに、小田原の定宿に到着した後も揺れがあった。

江戸での宿泊先として、焼失した長崎屋の代わりに三ヵ所の寺院に宿泊場所が用意されていることをファン・レーデは小田原で知らされた。小田原でも郊外の大部分が火災によって全焼した。また、翌日にファン・レーデが通った神奈川でも一千軒ほどの町屋が焼失した。「我々は道沿いにその悲しい痕跡をあらゆるところで見た」とファン・レーデは記述している。

ファン・レーデは三月二十六日に川崎で宿泊した。江戸から迎えに来た長崎屋の主人から江戸の火災について詳細な情報を得た。それによると、四度にわたる火災が江戸のほぼ半分を焼け野原にした。火災は放火によるもので、放火犯は捕まり、処刑された。

翌日の十時にファン・レーデは江戸に到着した。江戸を通っているあいだに火事による被害を目の当たりにした。「あるところでは火災による荒廃は目の届くかぎりまで広がっていた」とファン・レーデは書いている。

江戸に滞在しているあいだも、ファン・レーデは数多くの火事や地震を記録している。火事があまりにも多く、四月初旬の日記には「毎日の火事以外、特記することはない」とまで書かれている。先任の商館長たちの日記とくらべると、ファン・レーデの日記には火災に関する記述が顕著に多くみられる。天明期に火災が特別に多かったのか、それとも、ファン・レーデが火災に特に敏感な人だったのか、よくわからない。

ファン・レーデの覚書

帰崎後、ファン・レーデにとって退屈な時間が到来した。父宛の書状では「私は残りの暇な時間を哲学者のように書斎で過ごすつもりである」と書かれている。八月に二隻のオランダ船が来航し、貿易業務がおこなわれた。日記を読むかぎり、ファン・レーデは交渉をうまく進めていたようである。長崎奉行・水野《みずの》忠通《ただゆき》との関係も良好だった。

十月十三日に江戸から訃報が届いた。ファン・レーデが数ヵ月前に謁見した将軍・家治が息を引き取った。これを受けて、長崎奉行は服喪中の五十日間は出島オランダ商館およびオランダ船において音楽や歌を禁止するようにとファン・レーデに依頼した。ファン・レーデはその依頼に応じた。

家斉が「上様」の称号を得たという便りが二十日にファン・レーデのもとに届いた。「しかし、内裏は彼にまだ将軍様の称号を与えていない」と日記に書き留めている。「とはいえ、それはもうすぐ実現すると人びとは考えている。そして、そうなれば彼は正三位の左大臣、つまり、宗教上の世襲皇帝である内裏のほんとうの正三位の大臣になる」とファン・レーデは続けている。

日記におけるこの情報に不正確さはあるものの、貴族階級出身だけあって、ファン・レーデは称号にはことに詳しく、また敏感でもあった。なお、この記述にみられる「内裏」という語は、もとは御所を意味するが、「天皇」を指す。江戸時代において、「内裏」は天皇の尊称として一般的に使われた。オランダ人もそれに倣って、商館長日記でその音訳「ダイリ」や「ダイロー」を使用していた（以下、便宜上「天皇」と訳す）。また、ファン・レーデは、天皇を「宗教上の世襲皇帝」として認識しているが、同じような認識はファン・レーデ以前のオランダ人たちの記述においてつねに見られるものである。

ファン・レーデは一七八六年十一月二十日に日本を去ったが、翌年の一七八七年にふたたび来日している。二度目の商館長就任であった。江戸参府の出発日を一七八八年二月二十一日に控え、ファン・レーデは、慣習に従って、留守を預る帳簿係ヘンドリック・アンドリース・ウルプスに覚書を渡した。

この覚書の控えがオランダ商館長日記に挿入されている。ファン・レーデの不在中にウルプスがどのように行動するべきかについての指示がきめ細かく記されている。箇条書きで全二十二条から成っている。その内容は、主に商館の書類の管理、出島の建物の修理、商館の支出、長崎奉行所との関係などについてである。

このほかに、大名の出島訪問を受け入れる際に「特に愛想よく迎え」、そして「オランダ人がその訪問客に対して不面目な行為をしない」ように念を押し、堅実かつ質素倹約な生活を送るべきことも強調されている。その書きぶりは、ファン・レーデがまだ若い頃に父から受け取っていたお節介な書状にみられる書きぶりに酷似している。やはり、蛙の子は蛙である。

ところで、本書で注目すべき点は、この覚書に防災についての指示も含まれていることだ。その内容は次のとおりである。「火および灯火に注意し、そこから発生しうるすべての事故を防止するよう、できるかぎり用心することを貴殿に強く忠告する。しかし、そのような事故が起こった場合、神がそれを防いでくれることを祈るが、可能であれば、貴殿はすべての会社の証書、そして特に前述の貴重な書類〔家康の朱印状〕が保管されているクスノキの箱を、また公式文書および仕訳帳が収納されている書簡筒を可能なかぎり避難させなさい」。

この文章からは強い危機管理意識がうかがえる。日記の各所に火災の記録が見られるように、ファン・レーデは日本に火災が多いことをひじょうに警戒していた。そして、可能なかぎりそのような火災が出島で起こることを未然に防ぐよう注力していた。

京都大火の猛威

前述したように、ファン・レーデは江戸参府のために一七八八年二月二十一日に長崎から出発した。瀬戸内海を通る船上で過ごした最初の二週間は、特記するようなことはほとんど書かれていない。ところが、兵庫に辿り着いた時に、ファン・レーデは「数日前に京都という町がほぼ完全に焼失した」という知らせを受けた。

この「とてつもなく恐ろしい火災」に関する情報は、その直後に大坂の宿主から届いた書状によって裏付けられた。書状に記されていた内容によると、「火事は和暦の正月二十九日すなわち西暦三月六日の朝三時に五条川の東側で始まった」。ファン・レーデの日記に綴られている「五条川」は、京都の東側を南北方向に流れている「鴨川」を指している。通詞がファン・レーデのために書状を口頭で翻訳する際、聞きまちがえたのかもしれない。

また、本書の第三章で説明したとおり、当時の人びとは早朝を前の日として認識する場合もしばしばあった。京都大火の発生日について、ファン・レーデの日記では正月二十九日と記されているが、正確には三十日（西暦一七八八年三月七日）である。これは、ファン・レーデが兵庫に到着する三日前であった。

日記では京都での火災に関する情報が次のように記されている。「風は東から強く吹いていて、炎は瞬く間に前述の川および五条大橋を越えて、西方向に東本願寺および東寺という大きな寺院にまで及んだ。風がこのように西に向かっていたので、町の中心部は灰と化してしまった。その後に風向きが南東に変わり、二条城や京都所司代の屋敷、両奉行所を含む北西の全域を焼き尽くした。そして風が三度目にふたたび北西へ向けてさらに強く吹き、数えきれない場所に延焼し、天皇の城〔御所〕およびすべての宮殿〔公家屋敷〕を含む、それまで助かっていたところまでも瓦礫と化した。さらに、〔炎は〕五条川をふたたび越えながら、そこでもまたいくつかの破壊をもたらした。その後、この恐ろしい火災は、三日も続けて猛威をふるった後に二月一日つまり西暦の三月八日に鎮火した」。

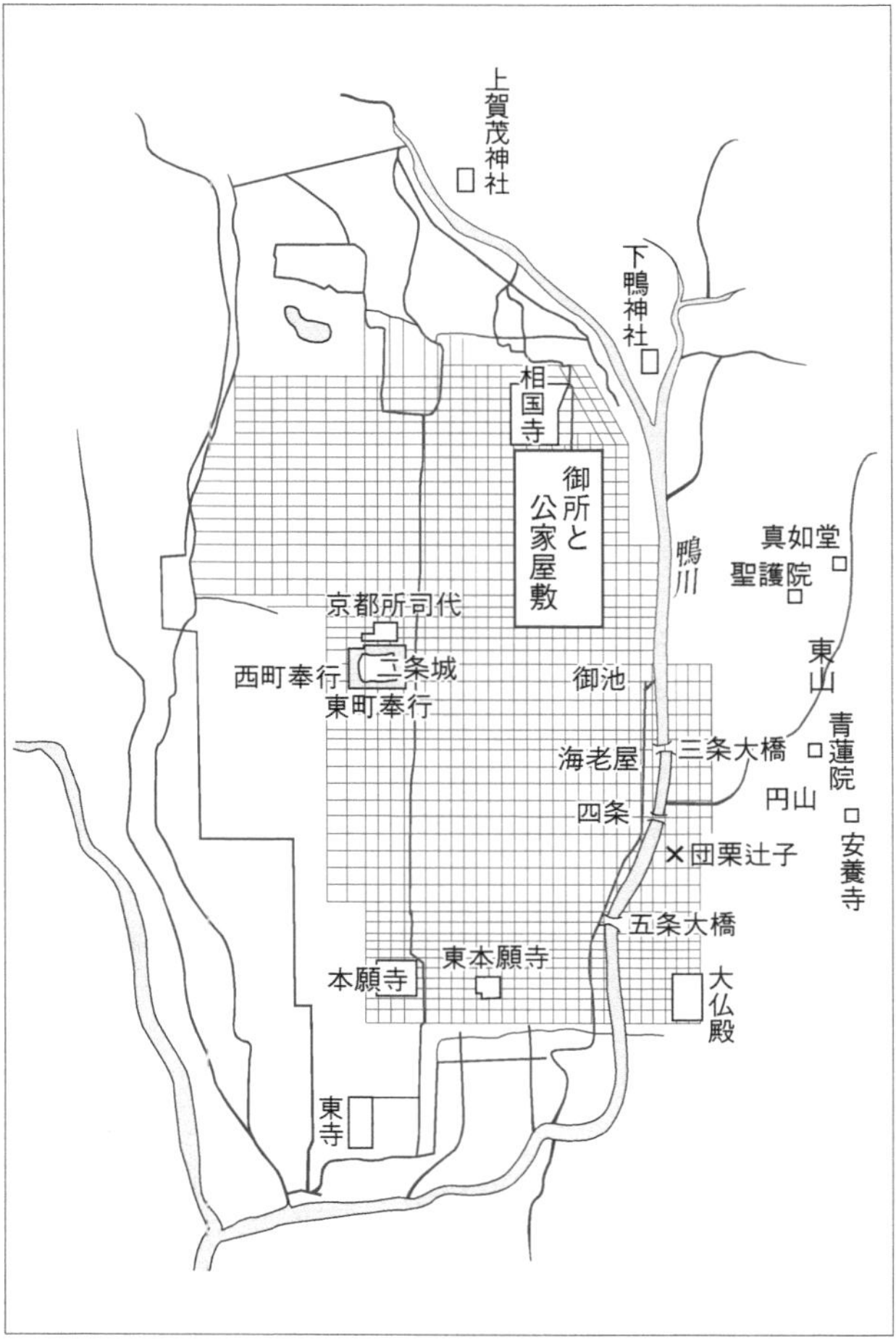
上賀茂神社
下鴨神社
相国寺
御所と公家屋敷
鴨川
真如堂
聖護院
京都所司代
二条城
西町奉行
東町奉行
御池
東山
青蓮院
海老屋
三条大橋
円山
四条
団栗辻子
安養寺
五条大橋
東本願寺
本願寺
大仏殿
東寺

天明期の京都

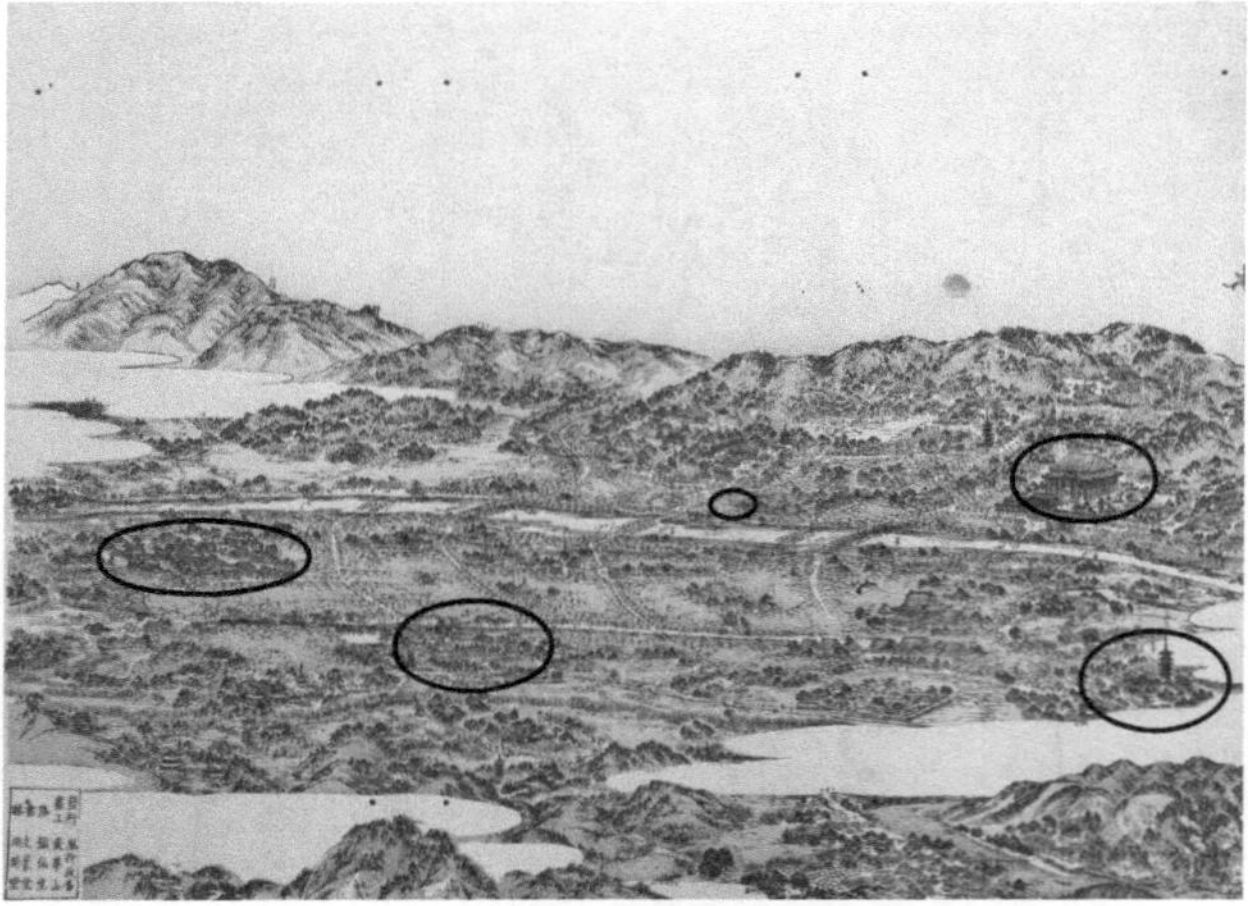

図27　天明の大火を示す範囲。中央に団栗辻子、右上に大仏殿、右下に東寺、中央左下に二条城、中央左端に御所が見える。（横山華山作「花洛一覧図」1800年頃成、国際日本文化研究センター所蔵。位置を示す印は筆者が付け加えた。以下同）

　ここで、江戸後期の画家横山《よこやま》華山《かざん》によって描かれた京都の鳥瞰図「花洛一覧図」を参照してみる（図27）。これは、華山の生没年（一七八四〜一八三七）および同図で描かれている建物から推定すると、ファン・レーデが京都を訪れた時期の少し後に作成されたものであろう。

　ファン・レーデの日記によると、京都の大火は鴨川の東側から出火した。日本側史料で確認すると、火事の発生場所は、確かに鴨川の東側の団栗辻子《どんぐりのずし》という小路である。「花洛一覧図」では、右上に描かれているひと

図28　四条周辺の密集市街地（「花洛一覧図」部分、国際日本文化研究センター所蔵）

きわ大きな建物（大仏殿）から少し北（図では左）へ行くと、大きな橋が見える。それが五条大橋である。さらに北へ行くと、四条通りの近くに住宅の密集した地区がみえる。その地区に団栗辻子がある。

ファン・レーデの日記には、強風のため火が五条大橋を越え、東本願寺および東寺にまで及んだと記されている。一方、「花洛一覧図」には東寺は図の右下に見え、当時京都の町の最南端に位置した。ここからわかるとおり、鴨川以西の南地区が完全に焼失したことになる。

火は次に二条城、その北側に位置する京都所司代の屋敷および二条城の南西に位置する東西両奉行所を含む全域を焼き尽くした。「花洛一覧図」の中央左下部分に描かれている城が二条城である。図で見られるように、二条城は当時町の最西端に位置していたので、火災がいかに広範囲にわたったかがわかる。

その後、火は延焼地域を拡大し、御所およびその周辺の公家屋敷をも飲み込んだ。御所は「花洛一覧図」において図の中央左端に描かれている建物群である。御所は京都の最北端に位置していた。ファン・レーデの日記の記述に沿って、火の延焼経過を「花洛一覧図」の図上で辿っていくと、火災は当時の京都の町の隅から隅までほぼ全域に及び、すべてを破壊したことがよくわかる。

避難する光格天皇

京都大火の情報を知ったファン・レーデは、三月十一日の早朝四時半に兵庫を発ち、西宮で昼食を取った後、午後五時に大坂に到着した。大坂の東西両町奉行はファン・レーデ一行の到着の無事を祝福してくれた。ただ、慣例の両町奉行への贈物の献上は延期して、帰路の際におこなってほしいと大通詞・名村元次郎《なむらもとじろう》を通じてファン・レーデに伝えられた。京都大火の対応で、両町奉行は彼の地へ必要物資を送付するのに手一杯だったためである。

ファン・レーデは元次郎から「京都の壊滅」に関するさらに詳しい情報を入手した。それによると、二条城については外塀の一部を除くすべての建物が倒壊していた。また、町

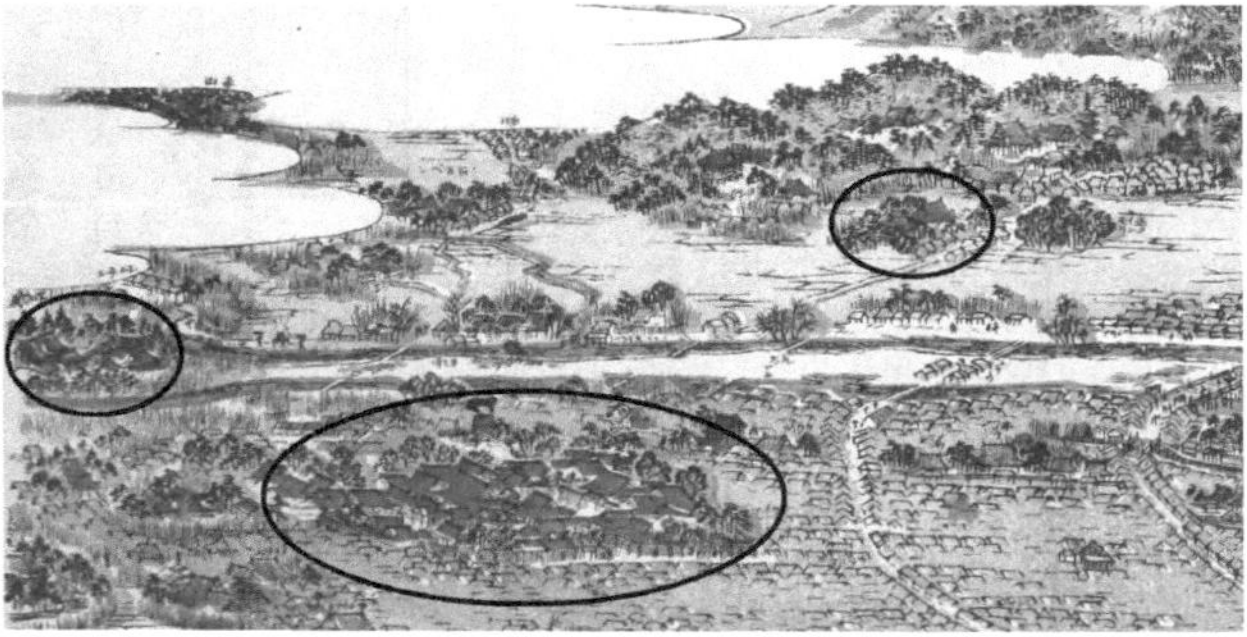

図29　光格天皇の避難経路。中央下に御所、左端に下鴨神社、右上に聖護院が見える。（「花洛一覧図」部分、国際日本文化研究センター所蔵）

中のほとんどすべての米蔵および土蔵が炎で焼き尽くされた。

元次郎は光格《こうかく》天皇の避難についても詳細に伝えた。安永九（一七八〇）年に一〇歳の若さで即位した光格天皇は博学能文で知られ、朝廷の儀式や権威の復興に努めた天皇である。文化十四（一八一七）年に仁孝《にんこう》天皇に譲位し、天保十一（一八四〇）年に崩御した。

ファン・レーデは次のように書き留めている。「火が御所に入り込んだ時に天皇はその従者全員とともに下鴨神社あるいは上賀茂神社に避難した。この神社は町から北北東一マイル離れたところにある。しかし、強風がその方向に厚い煙と燃え盛る木片を吹き飛ばしたので、天皇は、東側にある町から一マイル半離れた聖護《しょうご》院《いん》という寺院に避難した」。

先にみた「花洛一覧図」を使って光格天皇の避難経路を辿ってみよう（図29）。まず、図の左端に見える下鴨神社に避難した後、そこから斜め右上に見える川の東側の寺院（聖護院）に移動したことがわかる。そこは町から少し離れており、田畑によって隔離されているので、火は及ばなかった。延焼が進んだ経路から考えると、きわめて合理的な避難の仕方である。

なお、ファン・レーデの日記によると、聖護院でもなお安全だと思えなかった光格天皇は、その寺院も後にして、最終的に町から三マイル離れた比叡山の寺院に移ったという。「天皇は現在もそこに滞在して、京都の両町奉行が門の外で警護している」とファン・レーデは記録している。しかし、この情報は、当時流れていた噂に基づいて書き記されたものであり、数多く現存する日本側の関連史料では裏付けが取れない。実際のところは、光格天皇は聖護院に留まり、そこを仮御所と決定している。

さらに、ファン・レーデは、天皇の宝物も可能なかぎり避難させた一方で、現金や珍しい事物および貴重品が収納されていた七軒の大きな蔵が炎の餌食になってしまったという噂も書き留めている。御所焼失の際に数多くの宝物が失われたことは想像に難くない。やはり、避難の際には、まず手回り品が優先的に持ち出されただろうし、蔵は耐火構造のためそこに入れておけば安全だと考えられていたのかもしれない。ところが、当時の史料を調べてみると、猛威をふるう炎に耐えられなかった蔵が多かったようだ。

人びとの困窮

ファン・レーデは一般民衆の置かれた状況についても詳しく記述している。「この火災によって引き起こされた困窮と悲惨さは言葉で表せない」と嘆いている。「この不運な町人たちのために当地〔大坂〕およびほかのところから彼の地に向けて送付されている米および食糧は、船で到着するとすぐに飢えた民衆によって奪われ、武力で略奪されている」。

この記述からは、食糧と物資があまりにも不足していたので、京都の民衆のあいだに大きな混乱が起きていたことがわかる。食糧が届けば、民衆が一斉に飛びかかる状況だったようである。単に食糧を必要とする人びとだけでなく、そのなかには転売目的で略奪する盗賊も交ざっていただろう。

また、ファン・レーデによると、小屋やテントを作るための木材や竹の切端も残っていなかったので、人びとは野外で寝なければならなかった。というのも、焼失を免れた町の周辺部にある数少ない寺院は、公家たちが占領していたからであった。食糧もなく、避難するところもない一般民衆の哀れな姿が思い浮かぶ。

「話によると、火事が起こった三日間は、町の近くにいるのはひじょうに怖いことだった。なぜなら、石や燃えている木や竹の破片が強風のためにひじょうに長い距離を飛び交っていたからである」とファン・レーデは日記に書き留めている。この記述は火事の恐ろしさを生々しく伝えている。

翌十二日にファン・レーデは、京都大火の焼失範囲を示す地図を見せられた。ファン・レーデはその範囲の広さに対する驚きを次のように表現している。「四千もの道路があり、日本帝国および商業の中心であり、もっとも裕福な商人たちが住んでいる、この大きくて、華麗で、繁栄している人口稠密な商業都市はほぼ完全に消え去っている。残っているのは、南西および北西の郊外にほんのわずかな住宅だけである。このような破壊はどんな国の歴史にも例が見当たらない」。

京都はファン・レーデにとって特別な町だった。二年前の最初の江戸参府の帰路に京都で見物をした際、「複数のひじょうに素晴らしい寺院を訪問した」と特記している。そのような輝かしい町が火災で壊滅したことを知ったファン・レーデは、公務日記でその悲嘆を書かずにはいられなかった。

さらにファン・レーデは京都の住民について、このように記している。「ひじょうに多くの家庭がこれによってひどい困窮状態に陥った。死亡した人びとの数はまだ計算できない。なぜなら、彼の地ではすべてがまだひじょうに混乱した状況であり、親族や同居人がどこへ避難したか誰にもわからないからである。現在に至って、父が息子を探し、息子が父を、そして母が子どもを探している」。

以上のファン・レーデの記述からは、混乱、荒廃、絶望が伝わってくる。「しかし、この火事が早朝に起こったのは不幸中の幸いである。夜中に発生すれば、無限にもっと数多くの人びとが命を落としたにちがいない」とファン・レーデは付け加えている。

さらに、この火事による経済的被害は京都に留まらないとファン・レーデは書き記している。彼が見聞したところでは、大坂においてもすべての工業が停止してしまった。それは、木材や竹の販売が禁止され、職人たちが材料を入手できなくなったからである。というのは、御所の焼失が直ちに幕府に報告され、再建の援助も請願されたのだった。それを受けて、御所再建のための木材が確保されるまで木材の売買が禁止されることを民衆に知らせる高札が大坂で立てられた。「当地では扇子さえ作れなくなった」とファン・レーデは指摘している。

大火によって引き裂かれた家族

京都大火についての情報収集の合間にファン・レーデは大坂から江戸へ向かう準備をは

じめた。箱根峠の関所を通過するために京都所司代から通行証をもらう必要があった。しかし、京都所司代はまだ江戸にいたので、今回にかぎって、ファン・レーデは通行証を大坂城代・堀田《ほった》正順《まさなり》に依頼した。通行証は町奉行を通じて十三日にファン・レーデに届けられた。

午後に京都の定宿の主人・村上文蔵《むらかみぶんぞう》がファン・レーデの泊まっていた大坂の宿を訪ねて来た。二人の話題はすぐに火災のことに移った。文蔵によると、雨が二十四時間も激しく降りつづけていたにもかかわらず、京都を発った時点で瓦礫に残る燻《くすぶ》った火がまだ治まろうとしなかったらしい。

文蔵所有の土蔵もすべて全焼したため、彼はすべての持ち物を失うことになった。片桐一男の研究によると、京都におけるオランダ人の定宿であった海老屋は河原町三条にあった（『阿蘭陀宿海老屋の研究』）。「花洛一覧図」（図27）をもう一度見てみよう。図の中央左寄りに大きな橋が見える。三条大橋である。海老屋はこの橋の近くの川の西側に位置していた。

天明の大火の延焼過程を詳細に記録している『花紅葉都咄《はなもみじみやこばなし》』によると、鴨川の東側の団栗辻子で発生した火は東風によって鴨川を越えて、西の方へ広がった。そして、出火から四時間後にはすでに三条通りまで焼け広がったという。海老屋もこの時点で全焼したのだろう。

この時、文蔵はどうなったのだろうか。神戸市立博物館に現存する文蔵の日記「御用書留日記」(『阿蘭陀宿海老屋の研究』に翻刻所収)に沿って見てみよう。日記によると、大火当日に文蔵は用事のため大坂に出向いていた。翌日京都に戻ると、住居が全焼して、何も残っていないことに呆然とした。

妻はどこにもいなかった。後でわかったことだが、彼女はまず北方の御池あたりへ避難し、そこからさらに東山の真如堂へ逃げ込んだ。天皇が避難先として選んだ聖護院の少し東に位置する寺院である。その後、藤屋三郎兵衛《ふじやさぶろうべえ》の家に身を寄せていた。それを知らない文蔵は何日もかけて妻を探し回った。ようやく妻の安否が知れて、藤屋三郎兵衛の家で再会できたのは、旧暦二月四日(西暦三月十一日)であった。文蔵は妻を連れて、京都の南に位置する伏見の横大路にある本家に行き、そこにしばらく逗留することにしたのであった。

光格天皇の試練

文蔵が妻と再会できた日の夜に、オランダ人が大坂に到着した。文蔵は一息つく暇もなく、オランダ人の世話をするために早速翌日には大坂まで出向かざるを得なかった。大坂でファン・レーデと面会しても、火災のことで頭がいっぱいの文蔵は、延焼過程を示す京都の地図をファン・レーデに見せた。地図上で火事の出火場所および延焼地域や避難場所を朱書きで示し、風向きが三度も変わった経緯についても詳しく説明した。

この時文蔵が地図上で示した焼失範囲は、その前日に見せてもらった火災状況を記した地図の情報と一致するものだったとファン・レーデは記録している。これにより、ファン・レーデに早い段階でもたらされた情報は正しかったことが裏付けられた。ただ、光格天皇が比叡山へ避難したという噂は文蔵によって否定された。天皇は青蓮院《しょうれんいん》という東山にある寺院に避難し、そこに留まっていると文蔵は主張した。しかし、これもまた誤った情報であった。青蓮院に避難したのは、後桜町上皇《ごさくらまちじょうこう》の方であった。光格天皇は前述したように、聖護院に避難し、その寺院を仮御所に定めた。

天皇の避難について、文蔵はさらに多くの逸話をファン・レーデに話した。ファン・レーデはそれらの逸話を次のとおりに書き留めている。「天皇が御所から避難する時に、通常の牛車に乗っていた。すべての従者たちが抜き身の刀を持ちながらその牛車を囲んで護衛していた。天皇の側室や女御たちも刀を持っていた。ただ、そちらの刀は抜かれていなかった」。

ひじょうに緊迫した様子がこの記述から伝わってくる。通常は御所から外出しない天皇が火災のために急遽避難しなければならなかった。このような緊急事態に不慣れな公家やその従者たちは緊張感を持って、刀を握りしめて外の世界を突き進んだと文蔵は語っていた。

ファン・レーデの記述は次のとおり続く。「しかし、牛の歩く速度は遅すぎて、火がすぐそこまで迫っていたので、天皇は牛車から降りて、徒歩で進んだ。天皇の聖なる足が地面を踏み、外の空気に触れたのは、これがはじめてだった」。

御所から外出したことのない天皇が牛車から降りて、自ら徒歩で避難したという噂は、当時の人びとのあいだで流布していたようである。それだけ、天皇の御所からの避難は彼らにとってきわめて異例の事態だった。光格天皇は当時まだ十八歳の若さ。彼にとってもひじょうに刺激的な経験だったにちがいない。

この時天皇には多くの試練が待ち受けていた。通常、天皇の食事用としてもっとも高級な米が厳選されているのに、この緊急事態において、天皇は二日間庶民用の米を食べざるを得なかった。また、天皇が使用する食器は毎回の食事のたびに新品に交換されるという習慣も、この時ばかりは守れなかったということもファン・レーデは書き記している。

光格天皇は、窮民救済への強い意識をもっていた君主として知られているが、このような経験を通じてその意識がいっそう高まったのかもしれない。一方、文蔵によると、災害時の対処を迫られた天皇の様子を知った民衆のあいだに大きな動揺が生じた。雷をともな

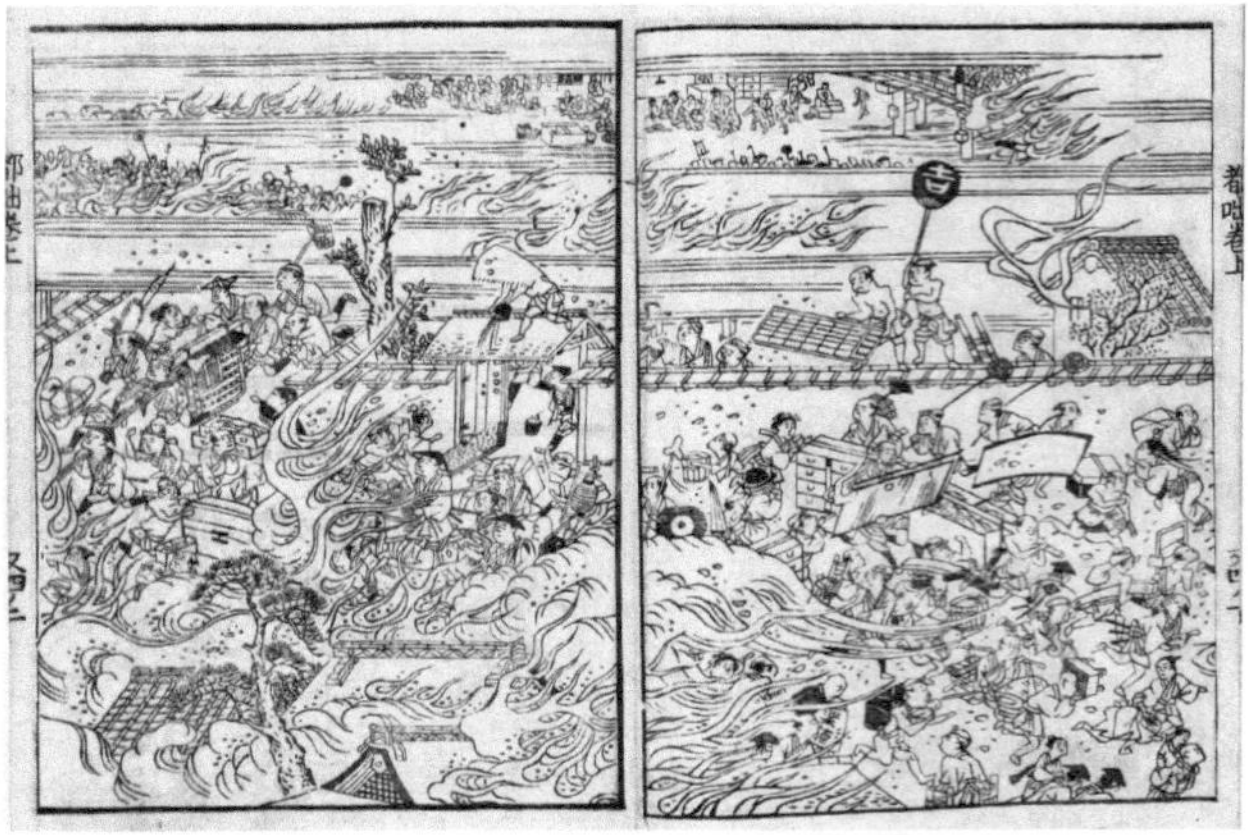

（上）図30　天明の大火で炎が迫る中、避難する民衆の様子
（『花紅葉都咄』1788年刊、国際日本文化研究センター所蔵）

（下）図31　天明の大火で仏像などを運び出す人びと（同上）

った嵐や鳥のけたたましく鳴く声は人びとの恐怖をより煽っていた。

さらに文蔵が続けて言うところによると、通常は木や油にしか点火しない火が鉄や石までをも燃やし爆発させ、石自体が火を放つかのようにも見えた。この現象を見た京都の人びとは、この火事を天が示す不吉な兆候としてとらえていると文蔵はファン・レーデに説明した。天明の大火は、当時の京都の人びとの誰も経験したことのない大惨事だったので、このような迷信が蔓延していたのだろう。

そこでファン・レーデは火災の原因について文蔵に尋ねた。「ある人によると、火鉢の傍で居眠りしていた女中の着物の袖に火がついたことが原因であるという。また、ほかの人によると、空から三つの火の玉が落ちて来て、消火不能の火事を引き起こしたという」と文蔵は答えた。大火を経験した人びとのあいだで常識と迷信が錯綜していたことがわかる。

【解説】　天明八年、正月の末の「団栗焼け」については、光格天皇が避難された様子を、オランダ商館長日記が詳しく記している。
オランダ人は、村上文蔵という男から、天皇避難のさまを聞き取っている。それによれば、天皇は牛車に乗って避難したが、火に追いつかれ、牛車から降りて地面を歩いて進んだという。そういう噂が当時流れていたことがわかる。

しかし、日本側の史料では、このような噂が流れていた事実は今のところ確認できない。実際のところ、天皇は牛車では逃げていなかった。では、天皇はどのようにして火災から逃げたのであろうか。

天皇の火災時の避難については、その乗り物や手順、避難先が、あらかじめ決まっていた。天皇は三種の神器のうち剣と玉をともなって紫宸殿《ししんでん》の南側から鳳輦《ほうれん》に乗り、内侍所にある神器の鏡を御羽車《おはぐるま》に載せ、天皇と三種の神器が一体となって避難する。どこへ避難するかと言えば、下鴨神社に向かって逃げる。賀茂川と高野川が合流するあたりに位置し、周囲に水や森の豊かな下鴨神社に逃げれば安全と考えられていた。しかし、下鴨神社は、御所が燃えた場合、仮御所としては居住性に問題があるため、聖護院に移ってそこを仮の御所とした。

これが天皇の理想の避難のかたちであるが、この火災はあまりに火の勢いが強く、京都史上最大の火災であったため、自分の家を焼かれる者が多く、天皇の鳳輦を担ぐはずの駕籠《かご》舁《か》き、すなわち駕輿丁《かよちょう》が、なかなか天皇のもとに集まらず、一部は逃げてしまっていた。それで、重たい鳳輦に天皇を乗せることができなかったようで、天皇はより質素な板輿という乗り物に乗せられて避難した。それは深夜のことで、高張提灯を先頭に道を提灯で照らしながら、北の下鴨神社へと逃げていったのである。しかし、下鴨神社の西側一帯も火はなめ尽くし、天皇は聖護院へと早めに移ることになり、結局、聖護院で生活を始めることになった。

聖護院を仮御所に定めた天皇の生活については、きわめて記録が少ない。通常、天皇は食器を、穢《けが》れを避けてすぐに交換する。ところが、文蔵の話によれば、聖護院に移った天皇は、物資不足のためこのような食器の交換ができなかったようである。この部分は信じて良かろう。通常、天皇が使った食器は、一度、もしくは数度使われただけで周りの者に下げ渡されるのである。今日、御下がりものとして伝わっているものもある。どのような食器かと言えば、器のどこかに十六菊の御紋がつき、周りにめでたい動植物があしらわれている。天皇の周りにいる者は下げ渡された下賜の天皇の食器をつぎつぎともらえるわけである。これが役得となっていた。天皇の下着などもそうで、しばしばその布が下げ渡され、染め直されて再利用されていた。江戸時代の京都では、天皇の下着を再利用して着ていた人間もずいぶん居たのである。

このように天皇は、つねに衣類や食器をすぐに替えることによって、穢れから守られているとされてきた。しかし、被災して避難先でそれができなくなった天皇は心理的にもストレスを感じていたに違いない。なにしろ、雑踏に投げ出されることなどない身の上である。そのせいもあったのか天皇は、本文にもあるように、この直後に天然痘（疱瘡）を発症し危うく死にかけられたのである。

また文蔵は、天皇の周りの者たちが刀を持って避難している様子を語っている。周りの従者たちが抜き身の刀を持ちながら、護衛していたとの噂を伝えているが、これは疑わしい。確かに、京都で火事が起こると京都から一山越えた亀山の城主・松平紀伊守が駆けつけてきて、天皇を護衛したことが記録にはあるが、これらの従者たちが刀を抜いて護衛したかどうかは、日本側の記録にはない。京都周辺には徳川の一族の松平家や譜代大名があてられ、火災の際には殿様自身が馬に乗って天皇の守護にすぐに駆けつけることになっていた。（磯田）

ファン・レーデの二度目の江戸参府

さしあたりオランダ人に直接的に関わる現実問題は、ファン・レーデ一行が京都での宿泊先を失ったということであった。自身が大きな被害を受けながらも、文蔵はすぐに対策を取った。彼は京都の南に位置する伏見で一行のために家を借りた。ファン・レーデは三月十六日早朝に大坂を発ち、夕方に伏見に到着した。

伏見でファン・レーデは京都の現状について新たな情報を入手した。それによると、奉行の一人が毎日欠かさず町の瓦礫のあいだを巡回しているという。この巡回のおかげで、混乱もなく、すべてが規律正しく進められているとファン・レーデは指摘している。ほとんどの住民は京都から出て、京都の周辺の町や村に一時避難していた。また、焼けなかった土蔵の持ち主はその土蔵を仮住まいにしていたということもファン・レーデは記録している。

ファン・レーデ一行は十八日に伏見を出て、東海道に沿って江戸へ向かった。タントの参府時と同様に道中の大井川が増水していた。ファン・レーデ一行がようやく川を越えることができた時、京都所司代・松平乗完《のりさだ》とすれ違った。江戸から京都に向かっていた乗完は、川の東側に三日間足留めされていた。被災地へと先を急いでいた乗完にとって、この足留めは大きな痛手だったにちがいない。

ファン・レーデが江戸に到着したのは四月三日だった。江戸滞在中、ファン・レーデは日記に書き記す毎日の記録の冒頭に火事の数を書き留めている。毎日三件、四件、時々六件や七件というように火災の発生した件数を記入している。四月七日条には「昨日から強い雨が降ったため、この町では夜中に火事がなかった。当地では梅雨を除いて火事のない夜はほとんどない」と記している。

同月十一日条によると、夜中に三件の火事があった。一日中風が吹いていたので、当然ながら火事も増えるとファン・レーデは指摘している。しかし、風が弱まらず、夜半前にすでに七ヵ所で火事が発生していた。

そのうちの一件の大きな火事の出火場所は、オランダ人が宿泊していた長崎屋からわずか半マイル（約二キロメートル）しか離れていなかった。あまりにも激しい火事だったため、オランダ人の部屋に照明がついているかのように見えた。風向きを注視していたファン・レーデは、すぐさま将軍への献上品を長持《ながもち》のなかに梱包させたうえ、いつでも持ち出せるように長持の上部の両端についている金具に棹を通させた。それらを長崎奉行の屋敷に運び出すために駕籠屋たちが待機していた。

ファン・レーデの観察によると、「町中のすべてが動いていた」。オランダ人に同行していた役人や使用人たちは皆火事装束をまとい、ファン・レーデの部屋や建物の前で警護していた。何人かは長崎屋に付属している火櫓に登り、火の向かう先を警戒していた。

運良く風は出火場所から長崎屋と逆方向に吹いていた。深夜三時に火の勢いは弱まり、夜明けには鎮火した。とはいえ、同時進行でまた別の場所にふたたび新たな火事が発生していたので、安心はできなかった。次の朝、火事に関する情報がファン・レーデに伝えられた。十五ないし十六町内が全焼したということだった。しかし、それでもまだ終わりではなかった。午前中にまたも長崎屋のすぐ近くで火事が起こった。ただ、この火事は心配無用だった。というのも、突然の土砂降りにより火はすぐに消し止められたからである。

ファン・レーデの日記にみられるこの一連の記述からは、火事がいかに江戸の人びとの生活に密接に関わっていたかがわかる。人びとはつねに命や全財産を失う危険に晒されていた。現代人と違って、当時の人びとは一瞬たりとも安心できなかった。避難や消火活動の用意は人びとの生活の一部となっていた。

十四日の早朝六時にファン・レーデは登城し、「百人番所」で待機した。八時半に本丸御殿に入り、十時に将軍家斉に謁見した。謁見はすぐに終わった。特別に許可を得たうえで本丸御殿を見物した後、ファン・レーデは正午に江戸城を後にした。江戸の火事について綿密に記録を取っていたファン・レーデがこの謁見と見物についてはきわめて簡潔な記述しか残していないのは不思議である。

京都での宿泊先

ファン・レーデは十九日に将軍からの返礼品を受け取るために再度登城した。その後は長崎へ出発する日を待つのみだった。そうしたなか、二十一日に文蔵からの書状が届いた。ファン・レーデが帰路の際に宿泊できるように京都の近くで寺院を借り上げたことを知らせる内容であった。

その寺院は光格天皇が滞在している聖護院のすぐ近くに位置していて、京都の町を一望できるところだった。具体的にどの寺院だったのか。ファン・レーデの日記を隅から隅まで調べても、寺院の名称は出てこなかった。この寺院についての記述として、ファン・レーデの日記にみられるのは、「京都の町が一望できる」ことおよび「(天皇が滞在する寺院は)我々のところから三つの大きな寺院分しか離れていない」ことのみである。この情報だけでは寺院を特定するには不十分である。

次に、文蔵の日記も調べてみよう。そちらには、三月晦日条に「円山両方へ止宿場所を相頼み」、京都所司代に届けたとの記述がある。片桐一男の研究によると、この「円山両方」の寺院は安養寺《あんようじ》であった可能性がある。安養寺には、「六阿弥」と呼ばれる六つの小寺があった。これらの小寺は江戸時代において「貸シ座敷」つまり一種の旅館として運営されていた。これらの座敷から京都を一望できたという。

なお、「円山」は、安養寺の山号が「慈円山」であることから、親しみを込めて呼ばれた略称である。「両方」は「六阿弥」のうち二座敷を借り上げたことを指すと推測される。六つの小寺が建っていた敷地は現在円山公園になっている。図32では図の中央上部の東山の斜面に見える寺院群(祇園社)の後ろに位置する。ちなみに、「六阿弥」のうち現存

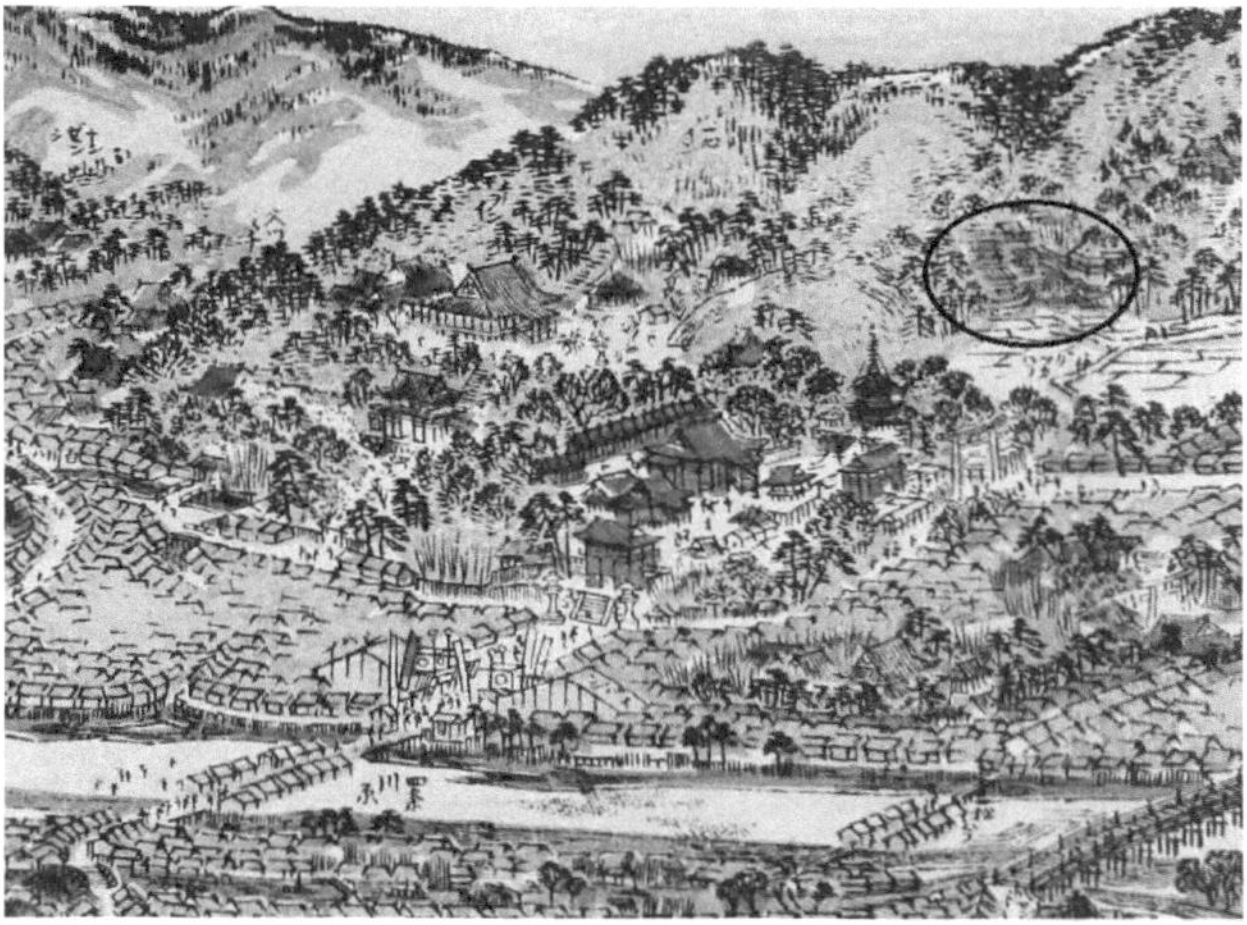

図32　安養寺（「花洛一覧図」部分、国際日本文化研究センター所蔵）

するのは円山公園にある料亭「左阿《さあ》弥《み》」のみである。

　ファン・レーデの日記に戻る。同日に京都からもう一つの知らせが届いた。それは、光格天皇が天然痘を患っているというものだった。『光格天皇実録』を参照してみたところ、この天皇の病についての情報が事実であると確認できた。天皇についての情報が当時広く普及していたことを浮き彫りにしてくれる記述である。

　ファン・レーデは二十六日に江戸を発ち、富士川の増水のために数日間足留めされながらも、五月十一日の午後三時に無事に京都での宿泊先

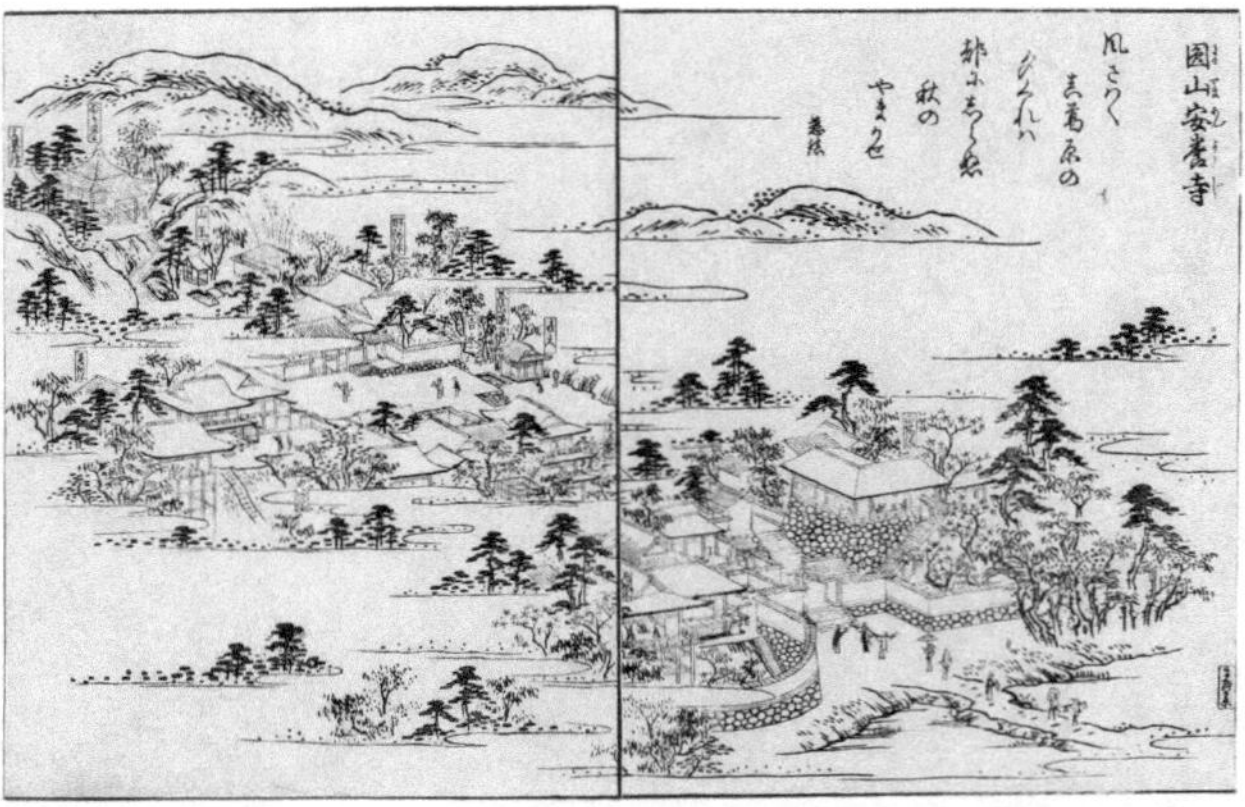

図33　円山安養寺（『都名所図会』1786年刊、国際日本文化研究センター所蔵）。左中央に屋根付きの展望台が見える。

となる安養寺に到着した。

復興力に感嘆

　宿泊先の展望台からは京都を一望することができた。火災によって破壊された部分や焼け残った土蔵が点在しているのがよく見渡せた。一方、新しく造られた住居や小屋もあった。ファン・レーデはその数にとても驚いた。

「かくも信じられないぐらいに大きな都市がほぼ完全に焼失することも理解しがたいのと同時に、かくも短い期間でこれだけ多くの住居を再建し、そしてこれだけ無数の小屋を造るのもまた信じられないことである。なぜなら、遠くから見ると、完全に新しく造られた町として目に映るからである」とファン・レーデは記述している。

ワーヘナールおよびタントと同様に、ファン・レーデもまた江戸時代の日本人の復興力に大いに感動した。災害にたびたび遭遇する時代だったからこそ、復興も早かった。まさに七転び八起きの世界であった。

「この復興は以前に聞かされた木材売買の禁止令に関する情報とは矛盾しないのか」とファン・レーデは通詞に尋ねた。「多くの住民が周辺の村や都市に移住する恐れがあったので、その禁止令が緩和された」と通詞は答えた。

すでに多くの住民が京都から転出したらしい。御所の再建が完成するまでは、木材の売買は確かに禁じられてい

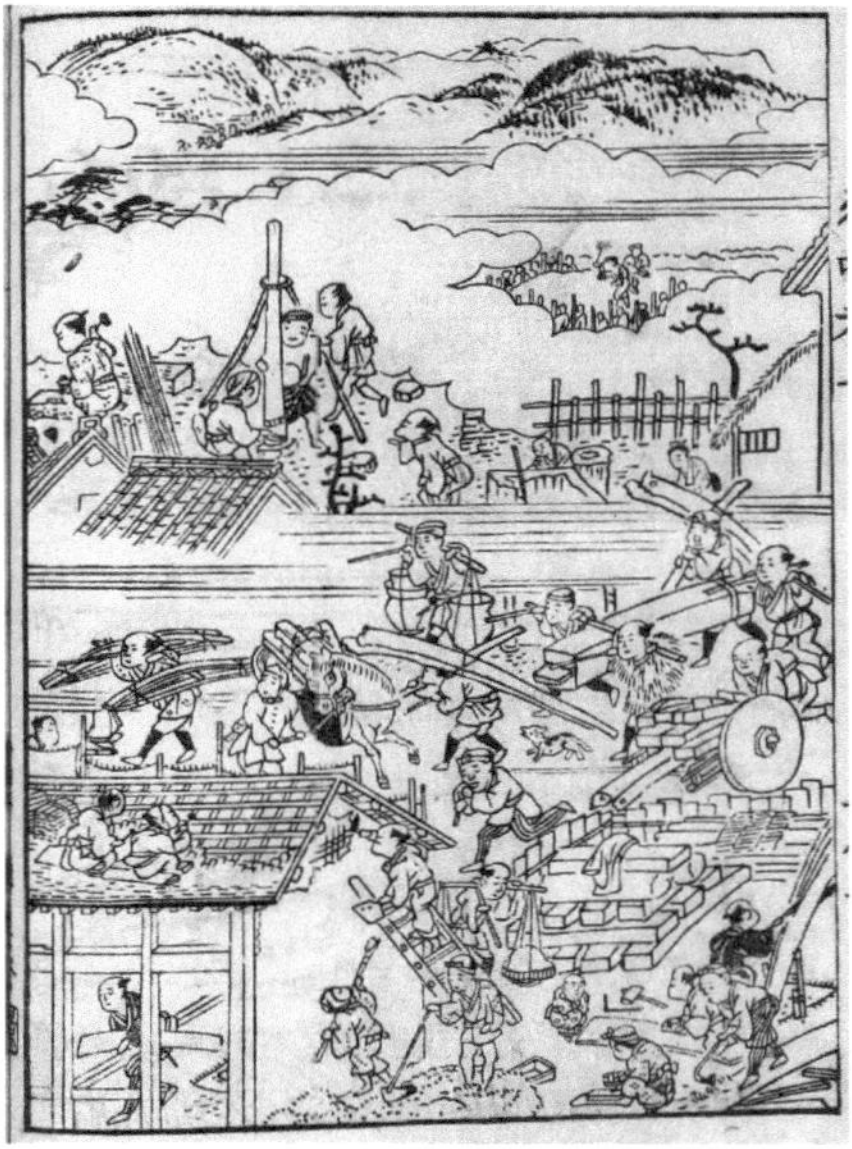

図34　天明の大火後の京都復興（『花紅葉都咄』1788年刊、国際日本文化研究センター所蔵）

た。とはいえ、京都の住民が、周辺に住む友人から贈物として送られた木材を利用することは可能になっていた。それゆえ、お金が残っている住民は周辺地域にいる友人に代金を送って木材を買わせている。そして、友人から送られてきた木材を「贈物」として受け取り、住居の再建に利用している。ファン・レーデは同日の朝に京都へ向かう時に、大量の木材が京都に運ばれるのを確かに見ていた。

宿泊先の寺院でファン・レーデは焼死者数についても新たな情報を得る。日記では総計一千人程度の死者であると記録されている。日本側史料では百五十人から一千八百人とされ、数字に大きな幅がみられる。火災の規模から勘案すると、ファン・レーデの記録が現実に近いのかもしれない。

光格天皇との交流

翌十二日に、「天皇の疱瘡がほぼ完治している」という情報がファン・レーデのもとに届いた。

「天皇は我々のすぐ近くに滞在している。我々のところから三つの大きな寺院分しか離れていない。彼の従者たちは我々の居る場所の周囲至るところの寺院に分散して滞在している」と日記に綴られている。

京都所司代と両町奉行も小さな寺院を仮住まいとしていたので、通常おこなわれる謁見は今回実現しなかった。役人や通詞たちを介して献上品と返礼品が届けられた。

東山周辺には数多くの寺院がある。京都滞在中にファン・レーデはそれらの寺院を見物する機会に恵まれた。ファン・レーデは次のように記述している。「我々はもっとも珍しい寺院を複数見物した。その時に天皇の女御や従者も数多く見た」。

京都で五日間滞在した後、ファン・レーデは十六日の朝十時に出発した。夕方に到着した伏見で一行は船に乗り、大坂に向かい、翌日の朝七時に到着した。大坂でもファン・レーデは複数の寺院および銅精錬所を見物している。

贈物を献上するために大坂両町奉行の屋敷を訪れたファン・レーデは歓迎された。町奉行の一人はファン・レーデを庭に案内し、その内部に設置された小さな稲荷神社や馬小屋を見せてくれた。日本流の馬術も教えてくれた。

まだ大坂滞在中の二十一日朝に通詞・本木《もとき》栄之進《えいのしん》が文蔵と一緒にファン・レーデの部屋を訪れた。文蔵は特別に京都から大坂に派遣されたのだった。彼が携えて来たものは、光格天皇から託された小包であった。なかには巻物と数枚の豪華な和紙が入っていた。

文蔵は光格天皇からの依頼をファン・レーデに伝えた。それは、巻物にいくつかのオランダ語の「金言」を書いてほしいとの所望であった。なお、和紙の方は、金言を書いてもらう手間に対する謝礼代わりのものだった。

将軍や幕府高官に謁見するオランダ人は、オランダ語の言葉を紙に書くように頼まれることがたびたびあった。しかし、ファン・レーデの日記によると、今回は、単にオランダ語の「言葉」あるいは「文章」であれば何でもいいというわけではなく、「金言」を書くよう指定されていた。

博学能文として知られる光格天皇が、漢詩のような文化的水準の高い文章を期待していたものと考えられる。

ファン・レーデはこの時どんな金言を書いたのだろうか。その控えを残さなかったので、光格天皇の期待に応えるような文章を記したのかどうかはわからない。しかしながら、江戸時代を通じて、天皇がオランダ商館長に交流を求めた例は、管見のかぎり、ファン・レーデに対して以外ない。

聖護院に滞在している時に、オランダ人一行が近くの寺院を見物していることは、さすがに光格天皇の耳にも入ったのだろう。異国人の存在は若き天皇の知的好奇心を刺激したにちがいない。オランダの金言にはどのようなものがあるのか、その目で確かめようと、わざわざ従者を通じて巻物を送った。

ところが、その時ファン・レーデはすでに京都を発っていた。朝廷から京都所司代に渡った巻物は、京都滞在時のオランダ人の世話役をしている文蔵に託されたので、彼が大急ぎで大坂に駆けつけることになった。以上のような経緯で光格天皇の巻物がファン・レーデのもとに届いたと推測される。

しかしながら、光格天皇がファン・レーデに交流を求めたのは、たまたま近くの寺院に宿泊していたという理由からだけだったのだろうか。ファン・レーデが歴代オランダ商館長のなかで珍しく貴族出身だったことも、その一因だったのかもしれない。

ファン・レーデのその後

ファン・レーデは一七八八年六月五日に無事に長崎に戻り、その年の十一月三十日に日本を去った。翌年にもう一度臨時商館長として日本に来航したが、四ヵ月間の貿易業務を終えた後、ふたたびバタフィアに戻っている。

日本での仕事ぶりはファン・レーデのその後の昇進に有利に働いた。ファン・レーデの公務日記の内容は確かに管理者として有能な人物という印象を与える。また、幕府高官との関係も良かったようである。日本における東インド会社の利益の減少を食い止めることはできなかったが、バタフィア政庁の評議員たちが日本での成果を高く評価してくれているとファン・レーデは父に宛てた書状で誇らしく書いている。特に総督はファン・レーデを気に入っていたようである。

会社上層部と保っていた友好的な関係、そして会社への父からの度重なる推薦状の送付のおかげで、ファン・レーデはその後も順調に出世を続け、最終的に東インド会社のバタフィア政庁の評議会参事に上り詰めた。

しかし、アジアの気候が合わず、複数の病気を患っていたファン・レーデは、一八〇二年にオランダへ帰国する決心をする。

息子の帰国の決心を知った父は深い喜びに満たされた。すでに八十一歳だった父は息子が一刻も早くアジアから戻ってくれることを切望していた。長男はだいぶ前に亡くなっていた。フランス革命によって貴族の既得権益を失った父にとって、次男であるファン・レーデが唯一の心の支えだった。

しかし、父の願いは実現しなかった。ファン・レーデは帰国の準備を進めている最中に病死した。息子の帰国を待ちわびた父もその五年後に息を引き取った。

ところで、ファン・レーデの日記は、先任の商館長であったイザーク・ティツィングの手に渡った。日本研究に没頭していたティツィングはファン・レーデを含む後任の商館長たちと文通して、日本研究に役立つ史料を多く取り寄せていた。

ティツィングの著作に、彼の没後に遺稿をもとに刊行された『歴代将軍図譜』という日本の歴代将軍の秘録を紹介した著作がある。同書にファン・レーデの日記から天明の大火に関する記述が抜粋された形で掲載されている。この抜粋は「家斉」の章に挿入された。一八二〇年にフランス語版、一八二二年に英語版、一八二四年にオランダ語版が刊行され、天明の大火の情報は同書を通じて広くヨーロッパの知識人のあいだに知れ渡ることになった。

第六章　島原大変肥後迷惑——商館長シャセーの記録

長崎の地震活動

ペトルス・テオドルス・シャセーがアジアへ出航したのはファン・レーデの出航より二年後の一七七七年のことであった。バタフィアにある東インド会社の本部で出世を重ねたファン・レーデとはちがって、シャセーは長崎のオランダ商館内で少しずつ昇進した。

一七八〇年に出島商館で簿記係として仕事をはじめたシャセーは、ファン・レーデが商館長を務めていた一七八六年に商館長次席である倉庫係に昇進した。一七八九年十一月にファン・レーデとともにいったんバタフィアに戻った後、シャセーは翌一七九〇年に商館長に就任している。

シャセーが長崎に到着した直後、それまでの日蘭関係に大きな変化が生じた。寛政の改革を推進した老中首座・松平定信《さだのぶ》が貿易制限令を出したのである。この頃毎年二隻のオランダ船が日本に寄港していたのを一隻に減らされた。その代わりとして、莫大な経費をともなう毎年の江戸参府は四年に一度に減免された。それゆえ、シャセーは江戸参府に行くことはなく、出島オランダ商館に留まった。

シャセーが長崎に滞在していた頃の一七八〇年代の商館長日記には、毎年複数回の地震が歴代商館長によって記録されている。特に、シャセーがバタフィアに一時的に戻る直前の一七八九年九月十五日および十六日に長崎では複数の強い地震が観測されている。この地震を記録したのは商館長ファン・レーデであるが、彼の記録によると、二日間だけで十七回もの地震があったという。長崎の地震活動は翌年の六月まで続いた。

シャセーが新任商館長として長崎に戻った時には地震活動は収まっていた。しかし、一七九一年の七月にふたたび地震活動が活発になった。七月二十八日に「正午前の十時半に北西から南東へ向かって動く地震を感じた。地震の前に地下で強い鳴動があった」とシャセーは記録している。三十日の夜八時半にも地震が再度観測されている。

一ヵ月後の八月二十一日にも「地下で鳴動があった後の夜十時に地震が発生した」とシャセーは記している。その後しばらくのあいだは商館長日記に地震に関する記述は見当たらない。

オランダ船が来ない！

このように地震について記録していたシャセーは、徐々に不安を覚えるようになっていた。なぜなら、八月を過ぎてもオランダ船が来航しないからであった。オランダ船は通常七月から八月にかけて日本に到着することになっていた。それより遅くなると、季節風が利用できなくなり、日本に辿り着かなくなる。

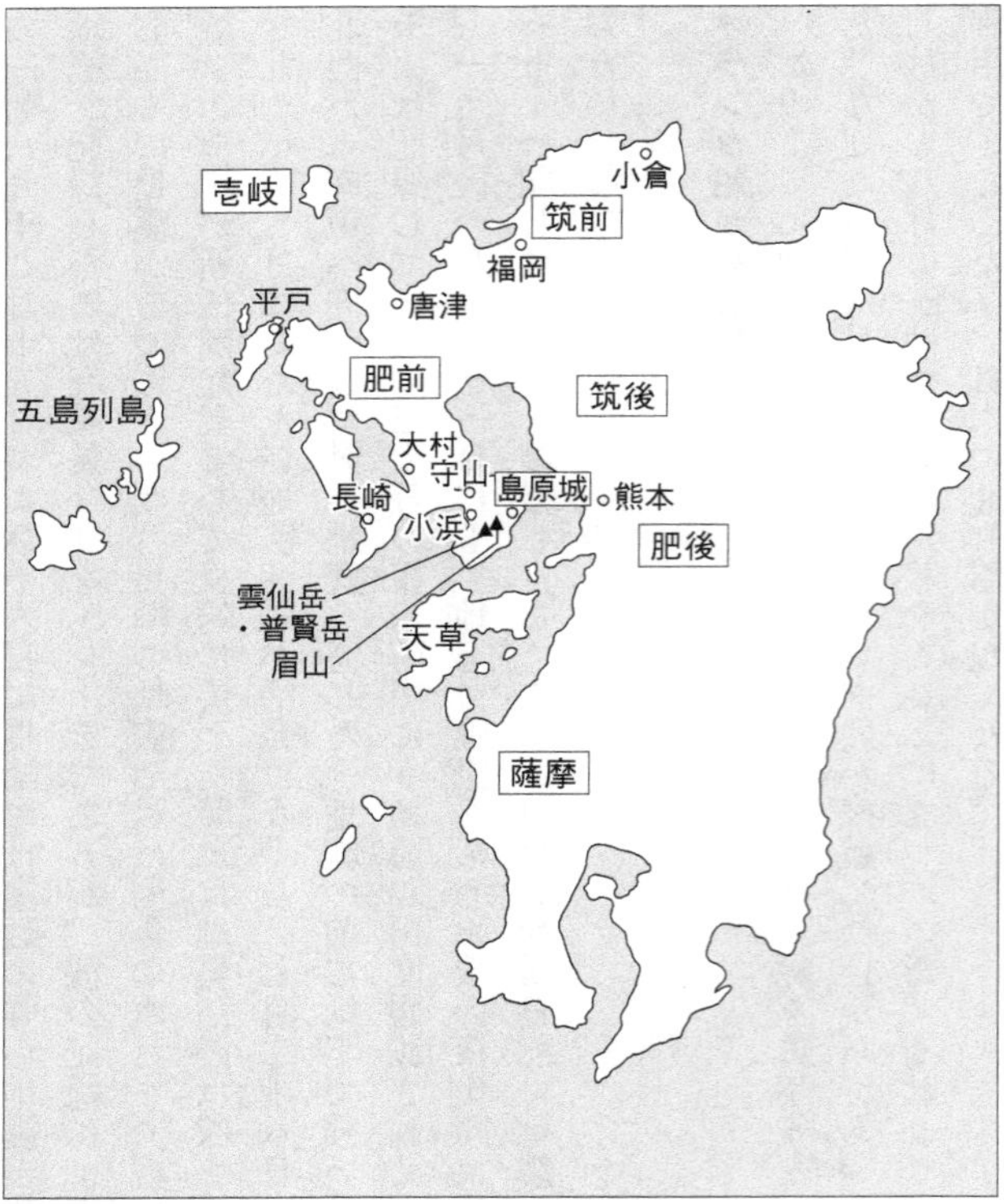

江戸期の九州

九月十三日に長崎奉行・水野忠通《ただゆき》より、オランダ船が来航しないことについて問い合わせがあった。シャセーは奉行の問い合わせに対して、難破の可能性を指摘しながらも、当年において貿易制限令を不利とみなす東インド会社の総督がバタフィアから船を派遣しなかった可能性も示唆している。

シャセーは、このような見解を示すことにより、貿易制限を緩めてくれるように奉行に揺さぶりをかけようとした。というのも、長崎の住民たちにとってオランダ人の来航は重要な収入源だったからである。幕府の度重なる貿易縮小政策によって、長崎の経済状況はすでに悪化していて、住民たちは困窮していた。船が来航しなくなると、長崎の経済はさらに大きな打撃を受ける。その事情を熟知していたシャセーは、オランダ船が来航しないことを利用して強気な態度に出たのだった。しかし、内心では不安で心細い気持ちであった。

シャセーの返答の三日後に沖で異国船が観測された。オランダ人および長崎中の日本人がともに大騒ぎした。しかし、それが二隻の琉球船だと確認されたところ、皆が静かになった。

一ヵ月後の十月十四日にオランダ船の来航の可能性について奉行所からの新たな問い合わせがきた。シャセーは可能性がないと答えざるを得なかった。実は、バタフィアからヒユーデ・トラウ号というオランダ船が日本に向けて出航したが、途中で難破してしまったのだった。しかしながら、幕府の命令で来航船の数が一隻かぎりとなった今では、難破を伝える伴船もなく、シャセーはその事実を知る由もなかった。

普賢岳の噴火

オランダ船が来航しないために、商館長シャセーにとってはきわめて退屈な日々が過ぎて行く。この頃のシャセーの日記に「何も報告することがない」という決まり文句が頻出する。

翌年の二月二十一日にシャセーを訪ねて来た大通詞・中山作三郎《なかやまさくさぶろう》は、長崎近くの島原藩における雲仙岳について語った。作三郎の話によると、「いにしえから複数の箇所で煙が出ていて、〔表面の岩が〕角礫と化していた雲仙岳は、今月十一日の夜に、頂上のすぐ下の東側でひじょうに激しく噴火しはじめた。火口の直径は約八間〔一四～一五メートル〕つまり四八フィートであった」。

作三郎がシャセーに伝えたのは、西暦二月十日から始まった雲仙岳に含まれる普賢岳の噴火であった。この噴火には大きな地震がともなったが、長崎では噴火に関連した地震を感じなかったので、シャセーは妙に思った。当時シャセーが観測した唯一の不思議な現象は、長崎湾にあった海水が異常なほど沖の方へ引いて、大きな船の船底が海底に達したことだった。その時のことについてシャセーは日記で、「多くの魚を手で捕まえられた」と綴っている。

この普賢岳の噴火に関する情報が届いた後、長崎は二ヵ月間平穏だった。ところが、四月二十一日の夜七時に「事前の鳴動もなく地面が強く揺れ、南東から北西に向けて横方向に揺れはじめた。間断なしだった。唯一の変化といえば震動と揺れの激しさの程度であった」とシャセーは記している。

シャセーが長崎で感じたこの地震は、島原を襲ったいわゆる「三月朔地震《さんがつさくじしん》」だった。しかし、この時点ではシャセーはその関連をまだ認知していなかった。地震活動は次の日も続いた。あいつぐ揺れによって、出島を囲む壁は長さ一四フィート〔四〜五メートル〕にわたって倒壊した。翌二十三日と二十四日にも地震活動は収まらなかった。

二十四日に島原から情報が届いた。それによると、「雲仙岳が複数の箇所で噴火し、浮石や巨大な石を噴出している。周辺に位置する都市や村落は、噴出した火山灰や煙のために昼光を失った」という。

この情報を聞いたシャセーは、長崎で感じた地震が明らかに雲仙岳の噴火と関連しているはずだと考えた。彼はすぐさま出島商館に置いてあったケンペルの『日本誌』を取り出し、雲仙岳について調べた。ケンペルはシャセーよりもちょうど百年前に外科医としてオランダ商館に勤務していた知識人である。ケンペルは日本滞在中に日本の歴史と文化について精力的に研究した。その研究成果は彼の死後の一七二七年にロンドンで『日本誌』という二部作として刊行された。

ケンペルは江戸参府から戻る際に雲仙岳の麓にある小浜《おばま》という温泉町の近くを通った。『日本誌』では、雲仙岳を硫黄成分のひじょうに多い山として紹介している。また、「地獄」と呼ばれる温泉が三十ヵ所もあるとケンペルは書いている。ケンペルが通った時に噴火は見られなかった。その百年後、シャセーが商館長を務めた時に、遂に噴火が起こってしまった。

島原藩主の苦悩

シャセーは被災地の救助活動についても情報を得ている。噴火の知らせを受けて、島原半島の対岸に位置する肥後藩および薩摩藩が島原城に残された島原藩主・松平忠恕《ただひろ》とその家臣たちを救助するために多くの小型船を派遣したとシャセーは書き留めている。

翌二十五日の朝八時および夜六時に長崎でも「とてつもなく強い地震があった」。二十六日も地震活動は継続して、出島を囲む壁がふたたび三ヵ所で倒壊した。長崎の町ではいくつかの住居が一フィート（約三一センチ）分も滑り動いてずれたとシャセーは記録している。

伝統構法の建物は現代の一般的な在来工法の家屋とちがって、基礎部分と緊結されていない。つまり、地面に設置した礎石の上にそのまま置かれている状態である。地震が起きると、建物が揺れに沿って地面を滑り動くことになるが、家屋自体は倒壊しない。強力な免震構造である。

この日、島原から被害状況について新たな情報が届いた。「川や井戸はほとんど砂で埋め尽くされていて、残った水は牛乳のように白くなっている。大きな寺院、六十五軒の土蔵および三十一軒の住居が瓦礫と化してしまい、二千人弱の人びとが命を落とした」とシャセーは記録している。

また、島原藩主・松平忠恕に関する次の噂もシャセーの耳に入った。「藩主は、江戸へ書状をつぎつぎと送っている。それはこの恐ろしい状況を報告するためであり、そして、人びとが噂しているように、城から出る許可を得るためである」。

島原藩の歴代藩主・深溝《ふこうず》松平家の業績を伝える歴史書『深溝世紀《ふこうずせいき》』を調べてみると、確かに忠恕は状況を告げるために老中宛の書状を託した急使をつぎつぎと江戸へ派遣していた。しかし、それは、島原城から出る許可を得るためではなかった。忠恕は事実上すでに島原城から出て、雲仙岳を挟んで反対側に位置する守山村（現・吾妻町）に避難していた（「守山庄屋寛政日記」）。

忠恕が老中・松平定信に対してつぎつぎと書状を送っていた目的は、義務として課された江戸への参勤を延期する許可を得るためだった。復興を指揮するために島原から離れられないので、参勤を延期させてほしいと忠恕はそれらの書状のなかでくりかえし申し出ている。

忠恕は、島原城に警固の者をわずかな数だけ残して、家臣たちとともに避難先の守山村から復興を指揮した。しかし、藩主の城外脱出については、市井の人びとだけでなく、家臣のなかにも逃亡行為としてとらえる者がいた。とりわけ家臣の川井治太夫《かわいじだいう》は城に留まるように藩主を必死に説得したが、聞き入れられなかった。治太夫は感慨に堪えず、切腹した。

藩士たちからの根強い反対にもかかわらず、忠恕が敢えて避難した理由は、『深溝世紀』を見るかぎり、自分だけでなく家臣たちをも安全な場所に避難させたかったからである。また、『深溝世紀』によると、忠恕は避難先で無為に過ごしていたわけではなかった。家臣たちに被災地を巡視させ、復興の指揮を執った。

忠恕は自らも被災地の視察に赴いた。あまりにも悲惨な光景を目の当たりにした忠恕は、ひどく心を痛めた。「島原藩主は短期間病気を患った後に亡くなった」とシャセーは日記の六月二十一日条に綴っている。まだ五十代になったばかりの忠恕は、惨状から受けた心労に耐えられなかったのかもしれない。

眉山の山体崩壊と大津波

地震活動の記録に戻る。「三月朔地震」の後も長崎では地震が続いていた。四月二十八日にふたたび出島の周囲の壁が四ヵ所で倒壊した。そして、倉庫「レリー」が建っている背後の土地に地割れが生じた。その後は揺れが徐々に収まっていくと思われたが、五月初めにふたたび強い地震が観測されるようになった。

二十四日に出島の乙名がシャセーのところにやって来た。その前日に島原から書状が届いていた。それによると、島原での地震は徐々に収まり、雲仙岳の噴火も鎮静化に向かっていた。ところが、「新月の二十一日の夕方七時頃に、凄まじい鳴動そして地面の震動と揺れの後に、雲仙岳の南東に位置する前山〔現在の眉山〕が頂上から麓まで裂け、莫大な量の水と砂を吐き出した。同時に海が溢れて、まるで水を桶のなかで往復で動かすように、まず島原へ、次に肥後および天草へ、そしてふたたび島原へ三回にわたって津波がつぎつぎと続いた。しかし、最後の二回がもっとも凄まじく、水位がもっとも高く上がった」。

シャセーがこのように記録している災害は、西暦一七九二年五月二十一日の夜に起こった眉山の大地滑りとそれに起因する大津波のことである。先に見たように、二月十日に普賢岳が噴火した後、四月二十一日に「三月朔地震」という大地震が起こった。この災害を受けて、当時まだ存命だった藩主をはじめ、島原の住民たちの多くが近隣の村落へ避難した。

ところが、五月中旬になると、地震が弱くなったため、藩主やその家族および多くの住民が避難先から島原に戻っていた。皆が一安心していたところ、五月二十一日に眉山の山体が崩れた。大量の土砂が一気に有明海になだれ込んだため大津波が発生した。この大津波は島原だけではなく、対岸の肥後をも直撃した。この災害を「島原大変肥後迷惑」と呼ぶのはこのことに由来する。

眉山はなぜ崩れたのか。諸説あるが、確かな原因はわかっていない。山崩れは夜間すでに暗くなっていた時に起きたので、眉山が崩れ落ちる様子を記録した史料もあまり残っていない。ただ、大津波による被害が悲惨な状況だったことだけは確かである。シャセーは次のとおりに記述している。「これにより推定二万人の人びとが溺死した。多くの町や村落が流された。その周辺に停泊、あるいは航行していた船は一隻を除いてすべて座礁した」。

また、眉山の山体崩壊によって、「この山の近くには、燃えさかる島が新たに一五〇ヵ所にわたって海面の上に出現し、複数の箇所で煙が海から上がった」とシャセーは記録している。さらに、各津波はそれぞれ三分間続いて、約二〇フィート〔約六メートル〕の高さにまで達し、「二十二日に檜やほかの樹木にぶら下がっている溺死体が数多く発見された」とシャセーはぞっとするような思いで書き留めた。

二十四日の夜にシャセーは長崎でふたたび強い地震を感じた。翌二十五日にふたたび悲しい知らせが届いた。今度は天草および肥後の被害状況についての情報だった。前日シャセーに知らされた大津波は、島原だけでなく、肥後においても二万人の命を奪い、「十八里」〔約七〇キロメートル〕にわたって土地が浸水被害を受けた。さらに、天草でも数えきれないほど多くの人びとが命を失ったということだった。

この情報が長崎に出回ると、大きな混乱が生じた。長崎にも津波が来るのではないかと考えた住民のなかには、避難準備をはじめる人びともいた。しかし、結局その後、津波は来なかった。ただ、地震活動は以後も続き、長崎でもあいかわらず観測されていた。「これらの地震はさほど強くないとはいえ、それによって〔長崎の住民は〕毎日不安になっている。四月二十一日以降止むことなく続いている」とシャセーは日記の六月十五日条に記している。

その後も島原方面からつぎつぎと新たな情報が届く。六月十一日にシャセーを訪問した通詞たちが津波について語ったところによると、「島原、肥後および天草では、五月二十四《ママ》日の津波により約十万人の死者が出たことが判明した」という。

島原大変肥後迷惑についても多くの日本側史料が残っており、推定死者数についても信頼できるデータがある。先行研究において、この津波による死者数は一万五千人と推定されている（『最新版日本被害地震総覧』）。シャセーが記録した数よりもかなり少ない。一般的に、情報は伝わっていくうちに、しだいに拡大誇張されていく傾向があるが、これは典型的な例といえる。

六月十五日にふたたび島原から災害の情報が届いた。これについてシャセーは次のとおりに記録している。「山が昨日と一昨日にあまりにも激しく燃えたので、噴出した煙や埃による遮光のせいで、住民たちは昼間でも蠟燭《ろうそく》を灯す必要があった」。日本側史料においても六月十四日に噴火がふたたび強くなったことが伝えられている（「大岳地獄物語」）。普賢岳はその後何度も噴火した。同時に地震活動も続いていた。

なお、シャセーの日記の七月十二日条には「噂によると、島原の山では複数箇所で大量の水の噴出が発生し、ふたたび多数の人びとが死亡した」と書かれている。その後もシャセーの日記には、くりかえし起こる地震についての記録は続くが、島原の状況についての言及はなくなる。

オランダ船の到着

地震が続くなか、シャセーは首を長くして、長崎へのオランダ船の到来を待っていた。八月十日正午すぎに遠見番所のある深堀で旗がかかげられた。その後、深堀から小舟が長崎に入って来た。沖に船が見えたことを告げるためだった。長崎奉行はすぐにシャセーにその情報を伝えさせた。朗報を受けて、すべての通詞たちがこぞってシャセーを祝福しに訪れた。

ところが、四時半に旗が降ろされた。沖に見えたのは、オランダ船ではなく、琉球の船だった。

十二日にも小倉沖付近で船影が遠くに見えた。大通詞・中山作三郎が船の確認のために小倉に出向くとシャセーに伝えに来た。そのすぐ後に、台風が長崎を直撃した。この台風で出島オランダ商館の二つの倉庫は大きな被害を被った。翌日に通詞・加福安次郎が筑前に向かった。というのも、前日に小倉沖に出没した船が筑前の周辺で南風に逆らってジグザグに進んでいたからである。少しずつオランダ船到来への期待を抱くようになったシャセーは、「これは日本に向かっている〔オランダ〕船かもしれない」と綴っている。

その後数日のあいだは、新たに寄せられた情報はなかった。十六日にふたたび地震があった。その翌日に、先日見掛けられた船が北東方向へ去ったと作三郎が伝えに来た。

その一週間後、オランダ船が見えたという確かな知らせが肥前から届いた。これを受けて多くの日本人がシャセーを祝福しに来た。オランダ人も大喜びだった。翌日にオランダ船が長崎湾に入った。シャセーはすぐに船に乗り込み、後任者のヘイスベルト・ヘミーを歓迎した。

くりかえし起こる地震の合間に貿易の交渉が始まった。折悪しく、九月九日にふたたび強い台風が長崎を直撃した。翌朝オランダ人が起床したところ、出島の大半の建物の屋根から瓦が吹き飛ばされてしまったことが判明した。多くの建物の漆喰と土も壁から剝がれ落ちていた。修復したばかりの出島の周囲の壁もふたたび倒壊した。長崎でも被害は甚大だった。

寄港中のオランダ船も台風の力で出島から離れたところに漂流してしまった。積載した荷物を船から出島へ運搬するための小舟三隻のうち一隻は日本の小型船にぶつかって、粉々になってしまった。もう一隻は沈んだ。運良く、けが人は出なかったが、オランダ船の状態は悪かった。台風により錨と船を繫いでいたロープが切れて、三つあった錨のうちの二つが失われた。オランダ船自体も座礁していた。しかし、午後に潮が満ちて、オランダ船はなんとか航行を再開できる状態になった。

オランダ船の修理はその後も降りつづく大雨のなかでおこなわれた。一方、日本の大工たちは、大きく破損した出島の二つの倉庫および小舟の修理に大急ぎで取り掛かった。一方では、シャセーと奉行所とのあいだで厳しい貿易交渉がおこなわれ、貿易業務も進められた。

十一月十三日にすべての貿易業務が完了した。シャセーは商館の書類をすべて新任商館長へミーに引き渡し、オランダ船に乗り込んだ。その後、日本に戻って来ることはなかった。シャセーはファン・レーデと同様に出世して、東インド会社のバタフィア政庁で評議員まで上り詰めた。

外科医ケラーの報告書

本書執筆途中、オランダのライデン大学の研究員シンティア・フィアレ氏から連絡を受けた。筆者が災害について調べていることを知っていた同氏は、ハーグ国立文書館で興味深い関連史料を発見し、その史料の写真を送ってくれた。

全部で六頁から成るこの史料の題目は「日本の島原における最近の地震に関する報告」である。著者は「ケラー」という人物で、書かれた場所は「日本の出島」で、日付は

「一七九二年七月」となっている。

これらの情報から、この史料の著者は、シャセーが商館長を務めていた時期に商館付属の外科医として勤務していたアンブロシウス・ケラーであると同定できる。ケラーはドイツのツヴァイブリュッケンという町で生まれ育った知識人だった。一七八九年にオランダ東インド会社に就職したケラーは、アジアに到着した直後にシャセーといっしょに日本に来航している。日本滞在中は職務以外に薬草の調査研究もおこなっていた。

ケラーの報告書には宛先がないので、特定の誰かに宛てて書かれたものではなく、公表することを念頭に執筆されたものだった。ちなみに、フィアレ氏が発見した同報告書は、ネーデルブルグという人の個人蔵書のなかに含まれていた。ネーデルブルグは一七九〇年代に東インド会社の総弁務官としてアジアに派遣された人物である。一七九六年にアジアでケラーが亡くなった前後に、ネーデルブルグが同報告書を入手し、大切に保管したようである。

ケラーは、商館長シャセーと同様に、出島にいながら、通詞たちを介して雲仙岳の噴火について精力的に情報を収集した。ケラーの報告書の冒頭では、日本は火山が多く、山脈が連なっている島国であり、地震がひじょうに多い国であると概説されている。ケラーは日本の地震について将来的に論文を書くつもりであると予告しながら、この報告書の内容については最近起きた「島原の地震」に限定するとあらかじめ断っている。

次にケラーは、島原の地理についての詳細な解説の後で、一七九二年に島原で発生した一連の地震と噴火の経過を記述している。まず、二月十日午後二時に山の内部から観測された鳴動の後に直径六間（約一〇メートル）ほどの穴が山頂に形成されたと説明している。「その穴は投げ入れた石が底に落ちる音がほとんど聞こえないほど深かった」とケラーは記している。

ケラーの説明は次のように続く。山頂にできた穴からは白い煙のような水蒸気が上がっていた。お湯が沸騰するような音が聞こえた。しかし、その数日後に一旦静まった。

二月二十七日に普賢岳から炎が上方に高く噴出して、溶岩が麓まで流れ出た。普賢岳は強い鳴動をともなって驚くほどの力で岩石などを噴出した。数日のうちに山の周辺の土地が数マイルにわたって広範囲に燃え広がり、樹木や畑がすべて壊滅した。

また、四月二十一日に大地震が発生した。その地震は九州だけでなく、日本の各地で観測されたという。ケラーも長崎において夕方七時に感じたと追記している。「揺れはつぎつぎと続いていて、なかにはひじょうに強く、長く続くものもあった。夜中ずっと続き、二十回も揺れを感じた。夜半に発生した揺れがあまりにも強かったため、出島を囲む壁が倒壊した。日本人はそのようなことを経験したことがなかった」とケラーは記している。

「島原での地震はもっとも恐ろしいものだった」とケラーは続ける。「揺れがあまりにも凄まじい衝撃で突然に始まったため、誰も立ったり、脚を動かしたりすることができなかった。まるで雷でも落ちたかのように、人びとがバタバタと倒れ、動かずに横たわっていた。大きな岩や石が山から転がって来た」と地震の様子を書き記している。

恐怖に怯えて、住民は皆逃げ出した。ケラーは避難の様子を次のように書き留めている。「ある人は病人を、ほかの人はうめく負傷者を担いでいた。妻を探していた夫は、彼女を半死半生の状態で見つけた。親たちは泣く子どもを腕のなかに抱いていた。皆は保護と許しを求めて神々に祈っていた。目に悲しみの涙を浮かべながら、逃げ遅れた親族、友人や持ち物のことに思いを巡らせていた。助けようがなかった。野原で夜の暗闇のなかで自然の力の猛威に晒されていた彼らは自分たちも惨めな死を遂げると思っていた」。

そのような恐ろしい状況が数時間続いた後、山の動きは少し鎮まった。それを受けて住居に戻った避難民たちを待っていたのは、倒壊した家屋や数々の死体であった。揺れは続き、溶岩流も広がっていた。火は島原城のすぐ近くまで延焼していた。

「五月二十日は島原に自然のすべての恐ろしさが降りかかった致命的な日であった」とケラーは綴っている。「大多数の人びとが昼食を取っている正午頃に、一時間半以上も続く地震が発生し、どんどん強まっていった。これにより多くの家屋が倒壊し、多くの人びとがその下敷きになった。ある家屋は人やすべての物が入ったままで、揺れによって遠くまで飛ばされた。人びとの叫びと嘆き、負傷者のうめき声、動物の鳴き声はすべての人を恐怖で震わせた」。

ケラーによると、山の鳴動にともなって上空でぞっとするような音が聞こえた。「複数の大砲が同時に打たれたようだった」と記している。「それと同時に地面が割れて、山が裂けて、山の一部が崩れ落ち、家屋や人びとの上に滑り込み、すべてを壊滅させた。不運なことに前山〔現在の眉山〕の頂上も裂けて、その山の一部は空中に吹き飛び、一部は海に崩れ落ちた。直後に山の内部から激しく泡立ち沸騰する熱湯が噴き出てきた。同時に海からは荒れ狂う大津波が陸地を襲った。この大津波は山から噴出した熱湯とぶつかり合った」。

以上のようにケラーは眉山の山体崩壊と、その崩壊によって発生した大津波の様子について伝え聞いたことを記録している。なお、この災害で島原の城下町は壊滅した。ケラーは津波後の悲惨な状況についても詳細に記録している。あちらこちらで死体が樹木にぶら下がったり、泥のなかに半分埋もれるなど散乱していた。あまりにも悲惨な光景だったため、「ペンはその悲劇を完全に記述することを拒んでいる」とケラーは綴っている。五十人の囚人たちが昼夜死体を埋めるための穴を掘っていたという。

丘の上に建てられた島原城はその頑丈な城壁のお陰で津波の被害をほとんど受けなかった。島原城に逃げ込んだ約百人ほどの町人も無事だった。しかし、城下町は「一瞬のうちに荒野と化してしまった」。

海上での破壊も凄まじかった。浜辺の大部分が海に沈んでしまった代わりに、眉山の土砂が流れ込むことによって、燃えさかる島や山が数多く新たに形成された。停泊していた船は座礁したり、沈んだりした。そのなかには近辺の諸藩から派遣された救助船も数多く含まれていたようである。「島原湾は浮いている死体、流された家屋、潰れた船やそのほかの瓦礫で満ちていたため、船がほとんど通過できなくなった」。

肥後をはじめとして周辺の藩も甚大な被害を受けたことについてもケラーは言及している。また、前述の島原藩主・松平忠恕の置かれた状況については、次のとおりに記述している。「これらの出来事のあいだに、不運な藩主は、惨めな死を覚悟しながら、城内にいた。彼の目の前でその領民たちおよびすべての財産が壊滅していた。彼らを救うことができず、援助を与えることもできなかった。自分のことも救えなかった。窮地に追い込まれたが、義務および法によって退去が許されない状況で、藩主は一瞬のうちに尊大な君主から惨めな物乞いに成り下がった。彼は死によってその惨事から解放された」。

眉山の山体崩壊および大津波の後、数日間にわたって空が暗闇に覆われた。畑や貯蔵されていた食糧がすべて駄目になったため、生き残った人びとのための食糧が不足していたとケラーは指摘している。また、最後にケラーは人的被害の数についてまとめている。それによると、死者五万三千人、負傷者二十万人であった。

ヨーロッパに伝わった雲仙岳の噴火

ケラーの報告書の写本の一つは東インド会社の帰還船を通じてオランダに伝わり、アムステルダムの出版者ヤン・アウグステイン・スワルムの手に渡った。スワルムはこのケラーの報告書を、著者の氏名を明記せずに、当時の新聞『月刊オランダ・メルクリウス』一七九四年三月号に掲載した。このようにして、二年も経たないうち、島原の災害はオランダの読者に伝えられた。

また、ケラーの報告書は、このオランダの新聞だけではなく、ほかの経路でもヨーロッパの読者に届けられた。前述のネーデルブルグやスワルムだけでなく、元長崎オランダ商館長イザーク・ティツィングも写本の一つを入手していた。第五章でみたように、ティツィングは天明の大火に関する記述をファン・レーデの日記から抽出し、一八二〇年に刊行された『歴代将軍図譜』という書物のなかに挿入している。

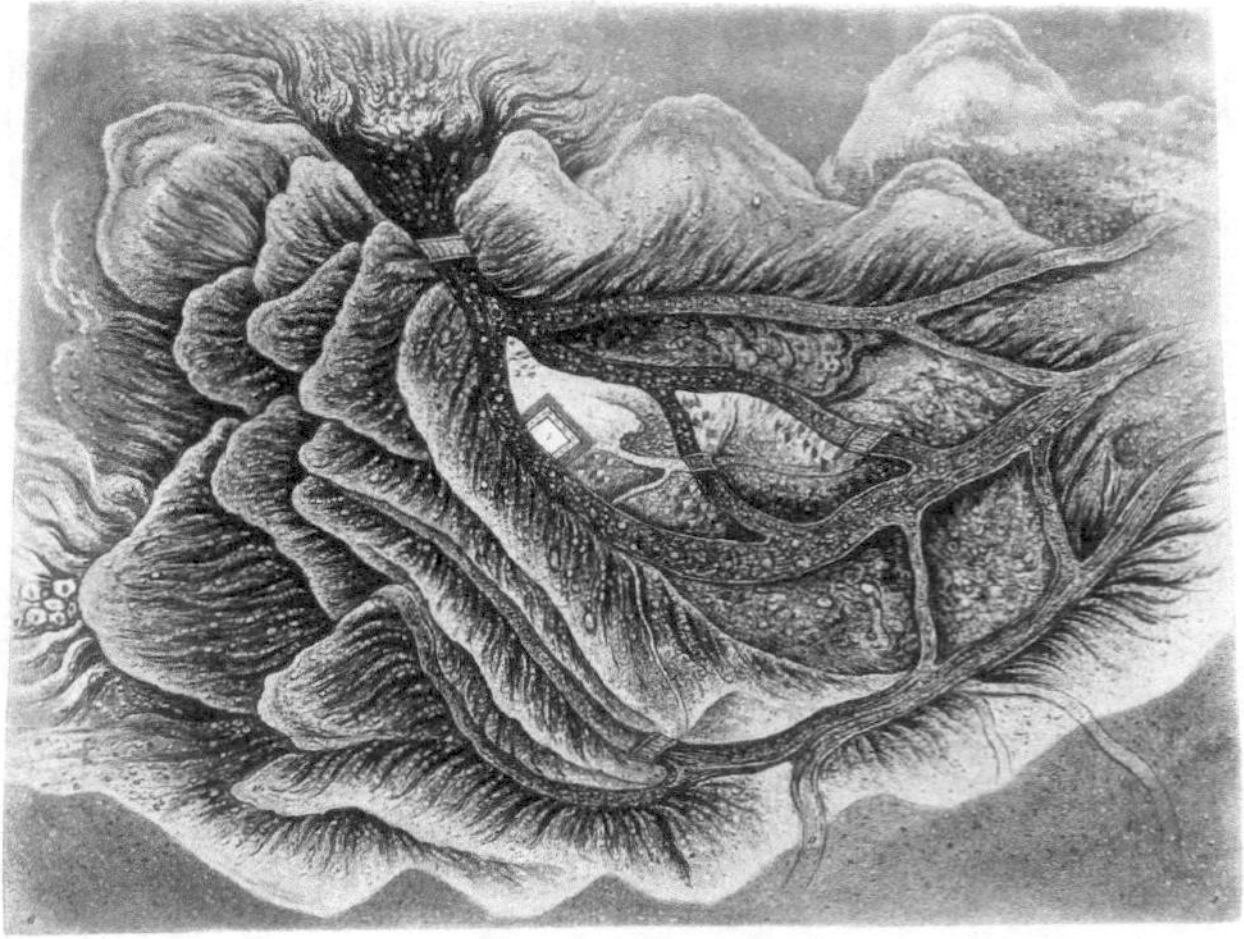

図35　島原地震噴火津波（『歴代将軍図譜』1820年刊、国際日本文化研究センター所蔵）

ティツィングは同書のなかで天明の大火の記述の後に、ケラーの報告書も、いくつかの修正や省略を施したうえで掲載している。ただし、オランダの新聞の場合と同様に、この引用部分にはケラーの名前は付されていない。

ティツィングがケラーの報告書を入手した経緯は不明である。ティツィングは商館長シャセーと文通していたので、シャセーを通じて写本を入手したのかもしれない。興味深いことに『歴代将軍図譜』に雲仙岳の噴火を描写する図版が挿絵として挿入されている（図35）。

この図版の描写はきわめて抽象的

である。とはいえ、噴火と溶岩流の様子は一応描かれている。中央に描かれた四角い建物は島原城を表現している。また、雲仙岳と城との位置関係も正しい。図版では島原城以外の地域が溶岩流や土砂で埋もれた様子が描かれている。町が飲み込まれたイメージはじゅうぶんに伝わるが、被害状況に関する詳細な視覚的情報はそれ以上は得られない。ティツィングが商館長を務めていた一七八三年には、浅間山の噴火があり、同書にはそれについての報告も掲載されている。残念ながら、本書ではその報告を取り上げるには紙面が足りないので割愛する。

噴火する富士山

日本の火山活動は早くからヨーロッパで知られていた。前述のオランダ人執筆家モンターヌスも一六六九年に刊行した『オランダ東インド会社遣日使節紀行』において、日本の活火山として富士山を紹介している。

歴代商館長は江戸参府の行き帰りで富士山を眺める機会に恵まれていたので、富士山の名前はたびたび商館長日記に出現する。モンターヌスは同書のなかで商館長ヘンドリック・インダイクがおこなった一六六一年の江戸参府について記述している箇所で、富士山の噴煙活動に言及している。また、そこには富士山が噴火する様子を描いた挿絵が挿入さ

図36　富士山噴火図（『オランダ東インド会社遣日使節紀行』1669年刊、国際日本文化研究センター所蔵）

れている（図36）。

この挿絵の手前の方に、富士山の噴火を観察しているオランダ商館員（左側に立っている人）と説明している日本人の通詞（右側に立っている人）が小さく見える。二人のあいだに座っている人物もオランダ商館員で、富士山噴火の絵を描いている最中である。

『オランダ東インド会社遣日使節紀行』が刊行された時点で富士山はすでに百年以上ものあいだ活動を休止していた。富士山がふたたび噴火したのはその約四十年後の宝永地震の時である。宝永地震以前の富士山の噴火に関する情報はオランダ商館文書には見当たらない。つまり、『オランダ東インド会社遣日使節紀行』にみられる富士山噴火図はまったく想像上のものである。さりながら、この挿絵は、当時のヨーロッパにおける災害大国日本のイメージを如実に伝えている。

日本は確かに災害が多い。しかし、災害に見舞われても、日本人は何度も何度も立ち上がって、復興を遂げてきた。その姿に感銘を受ける。

あとがき

本書執筆のきっかけは、筆者が勤務している国際日本文化研究センターの同僚である磯田道史氏との会話だった。二〇一八年の夏頃、筆者編著の日本関係欧文古書の目録を見せた時に、磯田氏の目が、目録に掲載されている「江戸火災図」の図版にくぎ付けになった。

常に災害に関する古記録を探し求めておられる磯田氏は、西洋人が記した日本の災害に関する記録はほかにもあるのかと筆者に向かって問いかけられた。その時、オランダ商館長日記に詳細な記録があるはずだと、とっさに答えた。

筆者は二〇一二年に、ある大学主催の「江戸に学ぼう〝和〟の底力」というシンポジウムにおいて、本書第一章の主人公である商館長ワーヘナールによる明暦の大火についての記録をテーマとした講演をおこなったことがある。講演の後に複数の方からこのテーマについての書籍をいつかぜひ刊行して欲しいというコメントを頂戴していたのだが、これまで活字にしないままにしていたのだった。

前述の磯田氏の問いかけに触発されて、すぐに各オランダ商館長の日記を調べ始めた。日記を調べていると、ワーヘナールが記録している明暦の大火のほかにも、歴代商館長が見聞した日本の災害についての興味深い記述がつぎつぎと数多く見つかった。そのなかにはまだ紹介されていない記述も多く、災害史の一側面として提示する意義があると考え、本書をまとめるに至った。

このような次第で、本書を書くことになったのだが、一冊の新書として仕上げられたのは磯田氏のお陰である。また、本書の執筆に取り掛かった後も、磯田氏に大いに励まされ、解説などを通じて本書の執筆にもご尽力を頂くことになった。ここで深い感謝の気持ちを伝えたい。

本書が成るにあたって、いくつかの史料所蔵先にお世話になった。商館長日記を所蔵しているオランダのハーグ国立文書館には史料の利用に便宜を頂いた。また、国際日本文化研究センター図書館の資料利用係も日本関係欧文史料の利用や図書の取り寄せにおいて便宜を与えてくれた。そのほかに国立国会図書館、三井文庫、江戸東京博物館、アウグスト公立図書館、アムステルダム国立美術館、オランダ王立図書館にお世話になった。調査においては、片岡真伊氏に助力を頂いた。そのほかに、光平有希氏、小川仁氏、宋琦氏、ゴウランガ・チャラン・プラダン氏にも協力を頂いた。また、シンティア・フィアレ氏には有意義な指摘を頂いた。ここにお礼を申し上げる。なお、本書の出版を快く引き受けて下さった講談社、そして執筆中に色々と励ましを下さった編集担当の所澤淳氏に心より感謝を表したい。

妻桂子は原稿を綿密に校閲し、読みやすい文章にし、本書の成立に全面的に協力してくれた。改めて厚く感謝申し上げる。

フレデリック・クレインス

N.D.C.210.5　289p　18cm
ISBN978-4-06-518179-9

講談社現代新書　2556
オランダ商館長《しょうかんちょう》が見《み》た　江戸《えど》の災害《さいがい》
二〇一九年一二月二〇日第一刷発行　二〇二三年七月二七日第五刷発行
著　者　フレデリック・クレインス

解　説　磯田道史《いそだみちふみ》

発行者　髙橋明男
発行所　株式会社講談社
東京都文京区音羽二丁目一二―二一　郵便番号一一二―八〇〇一
電　話　〇三―五三九五―三五二一　編集（現代新書）
〇三―五三九五―四四一五　販売
〇三―五三九五―三六一五　業務
装幀者　中島英樹
印刷所　株式会社ＫＰＳプロダクツ
製本所　株式会社ＫＰＳプロダクツ
定価はカバーに表示してあります　Printed in Japan

「講談社現代新書」の刊行にあたって

教養は万人が身をもって養い創造すべきものであって、一部の専門家の占有物として、ただ一方的に人々の手もとに配布され伝達されうるものではありません。

しかし、不幸にしてわが国の現状では、教養の重要な養いとなるべき書物は、ほとんど講壇からの天下りや単なる解説に終始し、知識技術を真剣に希求する青少年・学生・一般民衆の根本的な疑問や興味は、けっして十分に答えられ、解きほぐされ、手引きされることがありません。万人の内奥から発した真正の教養への芽ばえが、こうして放置され、むなしく滅びさる運命にゆだねられているのです。

このことは、中・高校だけで教育をおわる人々の成長をはばんでいるだけでなく、大学に進んだり、インテリと目されたりする人々の精神力の健康さえもむしばみ、わが国の文化の実質をまことに脆弱なものにしています。単なる博識以上の根強い思索力・判断力、および確かな技術にささえられた教養を必要とする日本の将来にとって、これは真剣に憂慮されなければならない事態であるといわなければなりません。

わたしたちの「講談社現代新書」は、この事態の克服を意図して計画されたものです。これによってわたしたちは、講壇からの天下りでもなく、単なる解説書でもない、もっぱら万人の魂に生ずる初発的かつ根本的な問題をとらえ、掘り起こし、手引きし、しかも最新の知識への展望を万人に確立させる書物を、新しく世の中に送り出したいと念願しています。

わたしたちは、創業以来民衆を対象とする啓蒙の仕事に専心してきた講談社にとって、これこそもっともふさわしい課題であり、伝統ある出版社としての義務でもあると考えているのです。

一九六四年四月　野間省一

哲学・思想Ⅱ

13 論語――貝塚茂樹
285 正しく考えるために 岩崎武雄
324 美について――今道友信
1007 日本の風景・西欧の景観――オギュスタン・ベルク 篠田勝英 訳
1123 はじめてのインド哲学 立川武蔵
1150 「欲望」と資本主義――佐伯啓思
1163 「孫子」を読む――浅野裕一
1247 メタファー思考――瀬戸賢一
1248 20世紀言語学入門 加賀野井秀一
1278 ラカンの精神分析――新宮一成
1358 「教養」とは何か――阿部謹也
1436 古事記と日本書紀 神野志隆光
1439 〈意識〉とは何だろうか 下條信輔
1542 自由はどこまで可能か 森村進
1544 倫理という力――前田英樹
1560 神道の逆襲――菅野覚明
1741 武士道の逆襲――菅野覚明
1749 自由とは何か――佐伯啓思
1763 ソシュールと言語学――町田健
1849 系統樹思考の世界――三中信宏
1867 現代建築に関する16章 五十嵐太郎
2009 ニッポンの思想――佐々木敦
2014 分類思考の世界――三中信宏
2093 ウェブ×ソーシャル×アメリカ 池田純一
2114 いつだって大変な時代――堀井憲一郎
2134 いまを生きるための思想キーワード――仲正昌樹
2155 独立国家のつくりかた 坂口恭平
2167 新しい左翼入門――松尾匡
2168 社会を変えるには――小熊英二
2172 私とは何か――平野啓一郎
2177 わかりあえないことから 平田オリザ
2179 アメリカを動かす思想 小川仁志
2216 まんが 哲学入門――森岡正博 寺田にゃんこふ
2254 教育の力――苫野一徳
2274 現実脱出論――坂口恭平
2290 闘うための哲学書――小川仁志 萱野稔人
2341 ハイデガー哲学入門 仲正昌樹
2437 ハイデガー『存在と時間』入門――轟孝夫

宗教

27 禅のすすめ——佐藤幸治
135 日蓮——久保田正文
217 道元入門——秋月龍珉
606 「般若心経」を読む——紀野一義
667 生命《いのち》あるすべてのものに　マザー・テレサ
698 神と仏——山折哲雄
997 空と無我——定方晟
1210 イスラームとは何か——小杉泰
1469 ヒンドゥー教　クシティ・モーハン・セーン　中川正生 訳
1609 一神教の誕生——加藤隆
1755 仏教発見！——西山厚
1988 入門 哲学としての仏教　竹村牧男

2100 ふしぎなキリスト教——橋爪大三郎　大澤真幸
2146 世界の陰謀論を読み解く——辻隆太朗
2159 古代オリエントの宗教　青木健
2220 仏教の真実——田上太秀
2241 科学vs.キリスト教——岡崎勝世
2293 善の根拠——南直哉
2333 輪廻転生——竹倉史人
2337 『臨済録』を読む——有馬頼底
2368 「日本人の神」入門——島田裕巳

Ⓒ

政治・社会

1145 冤罪はこうして作られる　小田中聰樹
1201 情報操作のトリック　川上和久
1488 日本の公安警察――青木理
1540 戦争を記憶する――藤原帰一
1742 教育と国家――高橋哲哉
1965 創価学会の研究――玉野和志
1977 天皇陛下の全仕事――山本雅人
1978 思考停止社会――郷原信郎
1985 日米同盟の正体――孫崎享
2068 財政危機と社会保障――鈴木亘
2073 リスクに背を向ける日本人　山岸俊男 メアリー・C・ブリントン
2079 認知症と長寿社会――信濃毎日新聞取材班
2115 国力とは何か――中野剛志
2117 未曾有と想定外――畑村洋太郎
2123 中国社会の見えない掟　加藤隆則
2130 ケインズとハイエク　松原隆一郎
2135 弱者の居場所がない社会　阿部彩
2138 超高齢社会の基礎知識　鈴木隆雄
2152 鉄道と国家――小牟田哲彦
2183 死刑と正義――森炎
2186 民法はおもしろい――池田真朗
2197 「反日」中国の真実――加藤隆則
2203 ビッグデータの覇者たち――海部美知
2246 愛と暴力の戦後とその後――赤坂真理
2247 国際メディア情報戦――高木徹
2294 安倍官邸の正体――田﨑史郎
2295 福島第一原発事故 7つの謎　NHKスペシャル『メルトダウン』取材班
2297 ニッポンの裁判――瀬木比呂志
2352 警察捜査の正体――原田宏二
2358 貧困世代――藤田孝典
2363 下り坂をそろそろと下る　平田オリザ
2387 憲法という希望――木村草太
2397 老いる家 崩れる街　野澤千絵
2413 アメリカ帝国の終焉　進藤榮一
2431 未来の年表――河合雅司
2436 縮小ニッポンの衝撃　NHKスペシャル取材班
2439 知ってはいけない――矢部宏治
2455 保守の真髄――西部邁

経済・ビジネス

350 経済学はむずかしくない〈第2版〉——都留重人
1596 失敗を生かす仕事術 畑村洋太郎
1624 企業を高めるブランド戦略——田中洋
1641 ゼロからわかる経済の基本——野口旭
1656 コーチングの技術——菅原裕子
1926 不機嫌な職場——高橋克徳 河合太介 永田稔 渡部幹
1992 経済成長という病——平川克美
1997 日本の雇用——大久保幸夫
2010 日本銀行は信用できるか 岩田規久男
2016 職場は感情で変わる 高橋克徳
2036 決算書はここだけ読め！——前川修満
2064 決算書はここだけ読め！キャッシュ・フロー計算書編 前川修満
2125 ビジネスマンのための「行動観察」入門 松波晴人
2148 経済成長神話の終わり アンドリュー・J・サター 中村起子 訳
2171 経済学の犯罪——佐伯啓思
2178 経済学の思考法——小島寛之
2218 会社を変える分析の力 河本薫
2229 ビジネスをつくる仕事 小林敬幸
2235 20代のための「キャリア」と「仕事」入門——塩野誠
2236 部長の資格——米田巖
2240 会社を変える会議の力 杉野幹人
2242 孤独な日銀——白川浩道
2261 変わった世界 変わらない日本——野口悠紀雄
2267 「失敗」の経済政策史 川北隆雄
2300 世界に冠たる中小企業 黒崎誠
2303 「タレント」の時代——酒井崇男
2307 AIの衝撃——小林雅一
2324 〈税金逃れ〉の衝撃 深見浩一郎
2334 介護ビジネスの罠——長岡美代
2350 仕事の技法——田坂広志
2362 トヨタの強さの秘密 酒井崇男
2371 捨てられる銀行——橋本卓典
2412 楽しく学べる「知財」入門——稲穂健市
2416 日本経済入門——野口悠紀雄
2422 捨てられる銀行2 非産運用——橋本卓典
2423 勇敢な日本経済論——髙橋洋一 ぐっちーさん
2425 真説・企業論——中野剛志
2426 東芝解体 電機メーカーが消える日 大西康之

世界の言語・文化・地理

日本史Ⅰ

日本史Ⅱ

世界史Ⅰ

834 ユダヤ人――上田和夫
930 フリーメイソン――吉村正和
934 大英帝国――長島伸一
968 ローマはなぜ滅んだか　弓削達
1017 ハプスブルク家――江村洋
1019 動物裁判――池上俊一
1076 デパートを発明した夫婦　鹿島茂
1080 ユダヤ人とドイツ――大澤武男
1088 ヨーロッパ「近代」の終焉――山本雅男
1097 オスマン帝国――鈴木董
1151 ハプスブルク家の女たち　江村洋
1249 ヒトラーとユダヤ人　大澤武男
1252 ロスチャイルド家　横山三四郎
1282 戦うハプスブルク家　菊池良生
1283 イギリス王室物語――小林章夫
1321 聖書vs.世界史――岡崎勝世
1442 メディチ家――森田義之
1470 中世シチリア王国――高山博
1486 エリザベスⅠ世――青木道彦
1572 ユダヤ人とローマ帝国　大澤武男
1587 傭兵の二千年史――菊池良生
1664 新書ヨーロッパ史 中世篇　堀越孝一 編
1673 神聖ローマ帝国――菊池良生
1687 世界史とヨーロッパ　岡崎勝世
1705 魔女とカルトのドイツ史――浜本隆志
1712 宗教改革の真実――永田諒一
2005 カペー朝――佐藤賢一
2070 イギリス近代史講義――川北稔
2096 モーツァルトを「造った」男――小宮正安
2281 ヴァロワ朝――佐藤賢一
2316 ナチスの財宝――篠田航一
2318 ヒトラーとナチ・ドイツ　石田勇治
2442 ハプスブルク帝国――岩﨑周一

世界史Ⅱ

959 東インド会社——浅田實
971 文化大革命——矢吹晋
1085 アラブとイスラエル 高橋和夫
1099 「民族」で読むアメリカ 野村達朗
1231 キング牧師とマルコムX 上坂昇
1306 モンゴル帝国の興亡〈上〉——杉山正明
1307 モンゴル帝国の興亡〈下〉——杉山正明
1366 新書アフリカ史——宮本正興 松田素二 編
1588 現代アラブの社会思想 池内恵
1746 中国の大盗賊・完全版——高島俊男
1761 中国文明の歴史——岡田英弘
1769 まんが パレスチナ問題 山井教雄
1811 歴史を学ぶということ 入江昭
1932 都市計画の世界史——日端康雄
1966 〈満洲〉の歴史——小林英夫
2018 古代中国の虚像と実像 落合淳思
2025 まんが 現代史——山井教雄
2053 〈中東〉の考え方——酒井啓子
2120 居酒屋の世界史——下田淳
2182 おどろきの中国 橋爪大三郎 大澤真幸 宮台真司
2189 世界史の中のパレスチナ問題 臼杵陽
2257 歴史家が見る現代世界 入江昭
2301 高層建築物の世界史 大澤昭彦
2331 続 まんが パレスチナ問題 山井教雄
2338 世界史を変えた薬 佐藤健太郎
2345 鄧小平——エズラ・F・ヴォーゲル 聞き手＝橋爪大三郎
2386 〈情報〉帝国の興亡——玉木俊明
2409 〈軍〉の中国史——澁谷由里
2410 入門 東南アジア近現代史 岩崎育夫
2445 珈琲の世界史——旦部幸博
2457 世界神話学入門——後藤明
2459 9・11後の現代史 酒井啓子

J

日本語・日本文化

105 タテ社会の人間関係 中根千枝
293 日本人の意識構造――会田雄次
444 出雲神話――松前健
1193 漢字の字源――阿辻哲次
1200 外国語としての日本語――佐々木瑞枝
1239 武士道とエロス――氏家幹人
1262 「世間」とは何か――阿部謹也
1432 江戸の性風俗――氏家幹人
1448 日本人のしつけは衰退したか――広田照幸
1738 大人のための文章教室 清水義範
1943 なぜ日本人は学ばなくなったのか――齋藤孝
1960 女装と日本人――三橋順子
2006 「空気」と「世間」――鴻上尚史
2013 日本語という外国語 荒川洋平
2067 日本料理の贅沢――神田裕行
2092 新書 沖縄読本――下川裕治 仲村清司 著・編
2127 ラーメンと愛国――速水健朗
2173 日本人のための日本語文法入門――原沢伊都夫
2200 漢字雑談――高島俊男
2233 ユーミンの罪――酒井順子
2304 アイヌ学入門――瀬川拓郎
2309 クール・ジャパン!? 鴻上尚史
2391 げんきな日本論――橋爪大三郎 大澤真幸
2419 京都のおねだん――大野裕之
2440 山本七平の思想――東谷暁

P

文学

2 光源氏の一生——池田弥三郎

180 美しい日本の私——川端康成 サイデンステッカー

1026 漢詩の名句・名吟——村上哲見

1208 王朝貴族物語——山口博

1501 アメリカ文学のレッスン——柴田元幸

1667 悪女入門——鹿島茂

1708 きむら式 童話のつくり方——木村裕一

1743 漱石と三人の読者——石原千秋

1841 知ってる古文の知らない魅力——鈴木健一

2029 決定版 一億人の俳句入門 長谷川櫂

2071 村上春樹を読みつくす 小山鉄郎

2209 今を生きるための現代詩 渡邊十絲子

2323 作家という病——校條剛

2356 ニッポンの文学——佐々木敦

2364 我が詩的自伝——吉増剛造